U0601317

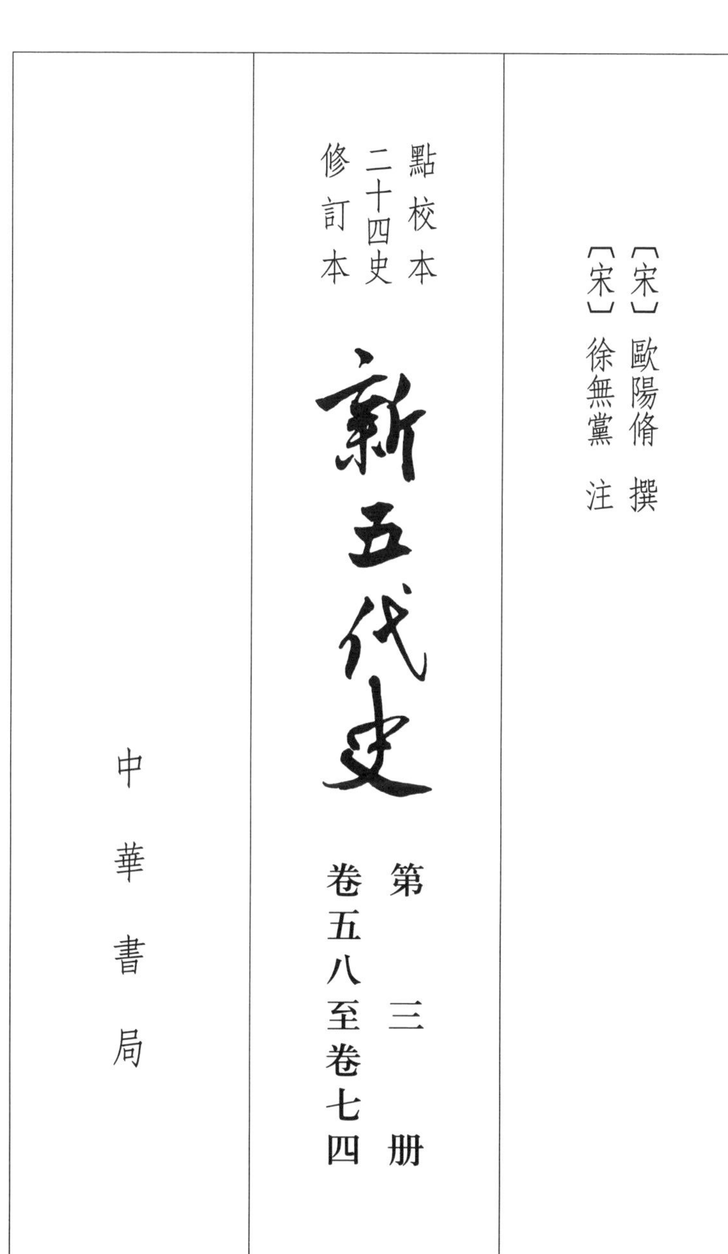

〔宋〕歐陽脩 撰
〔宋〕徐無黨 注

點校本
二十四史
修訂本

新五代史

第三册
卷五八至卷七四

中華書局

2015 年 8 月第 1 版　　2024 年 11 月第 6 次印刷

ISBN 978-7-101-10529-2

新五代史卷五十八

嗚呼，五代禮樂文章，吾無取焉。其後世有欲知之者，不可以遺也。作司天職方考。

司天考第一

司天掌日月星辰之象。周天一歲，四時，二十四氣，七十二候，行十日十二辰，以爲曆。而謹察其變者，以爲占。占者，非常之兆也，以驗吉凶，以求天意，以覺人事，其術藏於有司。曆者，有常之數也，以推寒暑，以先天道，以勉人事，其法信於天下。術有時而用，法不可一日而差，差之毫釐，則亂天人之序，乖百事之時，蓋有國之所重也。然自堯命羲和見於書，中星閏餘，略存其大法。而三代中間千有餘歲，遺文曠廢，六經無所述，而孔子之徒，亦未嘗道也。至於後世，其學一出於陰陽之家，其事則重，其學則末。夫天人之際，遠哉微矣。而使一藝之士，布算積分，上求數千萬歲之前，必得甲子朔旦夜半冬至，而日、月、五星皆會于子，謂之上元，以爲曆始。蓋自漢而後，其説始詳見於世，其源流所自止於如此。是果堯舜、三代之法歟？皆不可得而考矣。然自是以來，曆家之術，雖世多不同，而未始不本於此。

五代之初，因唐之故，用崇玄曆。至晉高祖時，司天監馬重績始更造新曆，不復推古上元甲子冬至七曜之會，而起唐天寶十四載乙未爲上元，用正月雨水爲氣首。初，唐建中時，術者曹士蔿始變古法，以顯慶五年爲上元，雨水爲歲首，號符天曆。然世謂之小曆，祇行於民間。而重績乃用以爲法，遂施于朝廷，賜號調元曆。然行之五年，輒差不可用，而復用崇玄曆。周廣順中，國子博士王處訥私撰明玄曆于家。民間又有萬分曆，而蜀有永昌曆、正象曆，南唐有齊政曆。五代之際，曆家可考見者止於此。而調元曆法既非古，明玄又止藏其家，萬分止行於民間，其法皆不足紀。而永昌正象齊政曆，皆止用於其國，今亦亡，不復見。

世宗即位，外伐僭叛，内修法度。端明殿學士王朴通於曆數，乃詔朴撰定。歲餘，朴奏曰：

臣聞聖人之作也，在乎知天人之變者也〔一〕。人情之動，則可以言知之；天道之動，則當以數知之。數之爲用也，聖人以之觀天道焉。歲月日時，由斯而成；陰陽寒暑，由斯而節；四方之政，由斯而行。夫爲國家者，履端立極，必體其元；布政考績，必因其歲；禮動樂舉，必正其朔；三農百工，必順其時〔二〕；五刑九伐，必順其氣；庶務有爲，必從其日月。是以聖人受命，必治曆數。故五紀有常度，庶徵有常應，正朔行之於天下也。

自唐之季，凡歷數朝，亂日失天，垂將百載，天之曆數，汩陳而已。陛下順考古道，寅畏上天，咨詢庶官，振舉墜典。臣雖非能者，敢不奉詔。乃包萬象以爲法，齊七政以立元，測圭箭以候氣，審朓朒以定朔，明九道以步月，校遲疾以推星，考黃道之斜正，辨天勢之昇降，而交蝕詳焉。

夫立天之道，曰陰與陽，陰陽各有數，合則化成矣。陽之策三十六，陰之策二十四，奇偶相命，兩陽三陰，同得七十二，同則陰陽之數合〔三〕。七十二者，化成之數也，化成則謂之五行之數。五之，得朞數〔四〕。過之者，謂之氣盈；不及者，謂之朔虛。至於應變分用，無所不通，故以七十二爲經法。經者，常用之法也。百者，數之節也，隨法進退，不失舊位，故謂之通法。以通法進經法，得七千二百，謂之統法。自元入經，先用此法，統曆之諸法也。以通法進統法，得七十二萬。氣朔之下，收分必盡，謂之全率。以通法進全率，得七千二百萬，謂之大率，而元紀生焉。元者，歲、月、日、時皆甲子，日、月、五星合在子，當盈縮、先後之中，所謂七政齊矣。古者，植圭於陽城，以其近洛也，蓋尚慊其中，乃在洛之東偏。開元十二年，遣使天下候影，南距林邑，北距横野，中得浚儀之岳臺，應南北弦，居地之中。大周建國，定都於汴。樹圭置箭，測岳臺晷漏，以爲中數。晷漏正，則日之所至，氣之所應，得之矣。

日月皆有盈縮。日盈月縮，則後中而朔；月盈日縮，則先中而朔。自古朓朒之法，率皆平行之數，入曆既有前次，而又衰稍不倫。皇極舊術，則迂迴而難用〔五〕，降及諸曆，則疎遠而多失。今以月離朓朒，隨曆校定，日躔朓朒，臨用加減，所得者入離定日也。一日之中，分爲九限，每限損益，衰稍有倫。朓朒之法，可謂審矣。

赤道者，天之紘帶也。其勢圜而平，紀宿度之常數焉。黄道者，日軌也，其半在赤道内，半在赤道外，去極二十四度。當與赤道近，則其勢斜；當與赤道遠，則其勢直。當斜則日行宜遲，當直則日行宜速。故二分前後加其度，二至前後減其度。九道者，月軌也，其半在黄道内，半在黄道外，去極遠六度。出黄道，謂之正交；入黄道，謂之中交。若正交在秋分之宿，中交在春分之宿，則比黄道益斜；若正交在春分之宿，中交在秋分之宿，則比黄道反直；若正交、中交在二至之宿，則其勢差斜。故校去二至、二分遠近，以考斜正，乃得加減之數。自古雖有九道之説，蓋亦知而未詳，徒有祖述之文，而無推步之用。今以黄道一周，分爲八節，一節之中，分爲九道，盡七十二道，而使日月無所隱其斜正之勢焉。九道之法，可謂明矣。

星之行也，近日而疾，遠日而遲，去日極遠，勢盡而留。自古諸曆，分段失實，隆降無準，今日行分尚多，次日便留，自留而退，惟用平行，仍以入段行度爲入曆之數，皆非本理，遂至乖戾。今校逐日行分，積以爲變段，然後自疾而漸遲，勢盡而留。自留而行，亦積微而後多。别立諸段變曆以推變差，俾諸段變差際會相合。星之遲疾，可得而知之矣。

自古相傳，皆謂去交十五度以下，則日月有蝕，殊不知日月之相掩，與闇虚之所射，其理有異。今以日月徑度之大小，校去交之遠近，以黄道之斜正，天勢之昇降，度仰視、旁視之分數，則交虧得其實矣。

臣考前世，無食神首尾之文，近自司天卜祝小術，不能舉其大體，遂爲等接之法，蓋從假用，以求徑捷，於是乎交有逆行之數。後學者不能詳知，因言曆有九曜，以爲注曆之常式，今並削而去之。謹以步日、步月、步星、步發斂爲四篇，合爲曆經一卷，曆十一卷，草三卷，顯德三年七政細行曆一卷，以爲欽天曆。

昔在帝堯，欽若昊天，陛下考曆象日月星辰，唐堯之道也。天道玄遠，非微臣之所盡知。

世宗嘉之。詔司天監用之，以明年正月朔旦爲始。

顯德欽天曆

演紀上元甲子，距今顯德三年丙辰，積七千二百六十九萬八千四百五十二算外〔六〕。

欽天統法：七千二百。

欽天經法：七十二。

欽天通法：一百。

欽天步日躔術

歲率：二百六十二萬九千七百六十，四十。

軌率：二百六十二萬九千八百四十四，八十。

朔率：二十一萬二千六百二十，二十八。

歲策：三百六十五，一千七百六十，四十。

軌策：三百六十五，一千八百四十四，八十。

歲中：一百八十二，四千四百八十，二十。

軌中：一百八十二〔七〕，四千五百二十二，四十。

朔策：二十九，三千八百二十，二十八。

氣策：一十五，一千五百七十三，三十五。

象策：七，二千七百五十五，七。

周紀：六十。

歲差：八十四，四十。

辰則：六百；八刻二十四分。

赤道宿次

斗：二十六度。牛：八度。女：十二度。虛：一十度少。危：十七度。室：十六度。壁：九度。北方七宿九十八度少。

奎：十六度。婁：十二度。胃：十四度。昴：十一度。畢：十七度。觜：一度。參：一十度。西方七宿八十一度。井：三十三度。鬼：三度。柳：十五度。星：七度。張：十八度。翼：十八度。軫：十七度。南方七宿一百一十一度。角：十二度。亢：九度。氐：十五度。房：五度。心：五度。尾：十八度。箕：十一度。東方七宿七十五度。

中節

置歲率，以演紀上元距所求積年乘之，爲氣積。統法而一，爲日。盈周紀去之，命甲子算外，即天正中氣日辰及分秒也。以氣策累加之，秒盈通法從分，分盈統法從日，日盈周紀去之，即各得次氣日辰及分秒也。

朔弦望

置氣積，以朔率去之，不盡爲閏餘。用減氣積，爲朔積。統法而一，爲日。盈周紀去之，命甲子算外，即天正常朔日辰及分秒也。以象策累加之，即各得弦望及次朔也。

日躔入曆

置歲率，以閏餘減之，統法而一，爲日。歲中以下爲盈；以上，減去歲中爲縮，即天正常朔加時所入也。累加象策，滿歲中去之，盈縮互命，即四象所入也。

日躔朓朒

置加時入曆分秒，以其日損益率乘之，統法而一，損益其日朓朒數，爲日躔朓朒定數。

赤道日度

置氣積，以軌率去之，餘統法而一，爲度；，命赤道虚八算外，即天正中氣加時日躔赤道宿度及分秒也。加歲中，以次命之，即夏至之宿也。

黄道宿次

置二至日躔赤道宿度。距前後每五度爲限，初率八，每限減一，盡九限，末率空，乃一度少彊，亦限率空。其半當四立之宿。自後亦五度爲限，初率空，每限增一，盡九限，末率八，殷二分之宿。自二分至二至，亦如之。各以限率乘所入限度，爲分。經法而一，爲度。二至前後各九限以減、二分前後各九限以加赤道宿〔八〕，爲黄道宿及分。就其分爲少、太、半之數。

黄道日度

置天正中氣加時日躔赤道宿度。各與所入限率相乘，皆以統法通之；，以所入限率乘其分〔九〕，以從之。經法而一，爲分；，盈統法，爲度。用減赤道所躔，即天正中氣加時日躔黄道宿度及分也。加歲中，以黄道宿次命之，即夏至加時日度及分也。

午中日躔

置二至分，減去半法，爲午後分；不足，反減，爲午前分。以乘初日躔分，經法而一，午前以加、午後以減加時黄道日度，爲午中日度及分也。各以次日躔分加之，滿統法從度。依宿次命之，即次日午中日躔也。

午中日躔入曆

置天正中氣午前分，便爲午中入盈曆日分。其在午後者，以午後分減歲中，爲午中入縮曆日分。累加一日，滿歲中即去之，盈縮互命，爲每日午中入曆也。

岳臺中晷

置午中入曆分，以其日損益率乘之，如統法而一，爲分；分十爲寸。用損益其下中晷數，爲定數也。

晨昏分

各置入曆分，以其日損益率乘之，如統法而一，用損益其下晨分，即所求晨定分也。用損加、益減其下昏分，即所求昏定分也。

日出入辰刻

置晨昏分，以一百八十加晨、減昏，爲日出入分。各以辰則除〔一〇〕，爲辰數；餘滿經法，爲刻：，命辰數子正算外，則日出入辰刻也。

晝夜刻

置日入分，以日出分減之，爲晝分：，用減統法，爲夜分。各滿經法，爲晝夜刻。

五夜辰刻

置昏分，以辰則除，爲辰數：，經法除，爲刻數。命辰數子正算外，即甲夜辰刻也。倍晨分，五約之，爲更用分。又五約之，爲籌用分。用累加甲夜，滿辰則爲辰，滿經法爲刻，即各得五夜辰刻也。

昏曉中星

置昏分，減去半統，用乘軌率，統法除之，爲距中分。盈統法，爲度。加午中日躔，爲昏中星：，減之，爲曉中星。

赤道内外數

置入曆分，以其日損益率乘之，如統法而一，用損益其下内外數：，如不足損，則反損之：，内外互命，即得所求赤道内外定數也。

九服距軌數

置距岳臺南北里數，以三百六十通之，爲步。一千七百五十六除之，用北加、南減二千五百一十三，爲其地戴中數，以赤道内外定數，内減、外加之，即九服距軌數也。

九服中晷

置距軌數，二十五乘之，一百三十七除，爲天用分。置之，以二十二乘，六約之，用減四千，爲晷法。又以天用分自相乘，如晷法而一，爲地用分。相從爲晷分，分十爲寸，即得其地中晷也。

九服刻漏

經法通軌中而半之，用自相乘，如其地戴中數而一；以乘二百六十三，經法除之，爲漏法。通軌中於上，置赤道内外數於下，以下減上，餘用乘之；盈漏法，爲漏分。赤道内以減、赤道外以加一千六百二十，爲其地晨分；減統法，爲昏分。置晨昏分，各如岳臺術入之，即得其地日出入辰刻、五夜辰刻、昏曉中星也。

欽天步月離術

離率：一十九萬八千三百九十三，九。

交率：一十九萬五千九百二十七〔一〕，九十七，五十六。

離策：二十七，三千九百九十三，九。

交策：二十七，一千五百二十七，九十七，五十六。

望策：一十四，五千五百一十，一十四。

交中：一十三，四千三百六十三，九十八，七十八。

離朔：一，七千二十七，一十九。

交朔：二，二千二百九十二，三十〔三〕，四十四。

中準：一千七百三十六。

中限：四千七百八十。

平離：九百六十三。

程節：八百。

月離入曆

置朔積，以離率去之，餘滿統法爲日，即天正常朔加時入曆也。累加象策，盈離策去之，即弦望及次朔入曆也。

月離朓朒

置入曆分，以日躔朓朒定數，朓減、朒加之，程節除之，爲限數。餘乘所入限損益率，程節而一，用損益其限朓朒爲定數。

朔弦望定日

各以日躔月離朓朒定數，朓減、朒加朔弦望常分，爲定日。定朔加時日入後，則進一日，有交見初則不進。弦望加時日未出，則退一日，日雖出有交見初亦如之。元日有交，則消息定之。定朔與後朔干同者，大；不同者，小；無中氣者，爲閏。

朔望加時日度

各置日躔入曆，以日躔月離朓朒定數，朓減、朒加之，爲定朔加時入曆。以曆分乘其日損益率，統法而一，損益其下盈縮數，爲定數。置定朔曆分，通法約之，以定數盈加、縮減之。各命以冬夏至之宿算外，即所求也。

月離入交

置朔積，以交率去之，餘滿統法爲日，即天正常朔入交泛日也。以望策累加之，盈交策去之，即望及次朔所入也。各以日躔朓朒定數，朓減、朒加之，爲入交常日。置月離朓朒定數，經法乘之，平離而一，朓減、朒加常分，即入交定日也。

黄道正交月度

統法通朔交定日[一三]，以二百五十四乘之，十九而一。復以統法除，爲入交度。用減其朔加時日度，即朔前月離正交黄道宿度也。

九道宿次

月離出入黄道六度，變從八節，斜正不同，故月有九道。黄道八節，各有九限。若正交起，八節後第一限之宿，爲月行其節第一道。起第二限之宿〔一四〕，爲月行其節第二道，即以所起限爲正交後第一限。初率八，每限減一，盡九限，末率空。又九限，初率空，每限增一，末率八，殷半交之宿。自後亦九限，初率八，每限減一，末率空。又九限，初率空，每限增一，末率八，復與黄道相會，謂之中交。自中交至正交，亦如之。各置所入限度，以限率乘之，爲泛差。其正交、中交前後各九限，以距二至之宿限數乘之；半交前後各九限，以距二分之宿限數乘之：皆如經法而一，爲黄道差〔一五〕。在冬至之宿後，正交前後各九限爲減，中交前後各九限爲加。在夏至之宿後，正交前後各九限爲加，中交前後各九限爲減。凡月正交後出黄道外，中交後入黄道内。其半交前後各九限，在春分之宿後，出黄道外，秋分之宿後，入黄道内：皆以差爲加；在春分之宿後，入黄道内，秋分之宿後，出黄道外：皆以差爲減。四約泛差，以黄道差減之，爲赤道差。正交、中交前後各九限，皆以差爲加；半交前後各九限，皆以差爲減。以黄赤二差加減黄道，爲九道宿次，就其分爲少、太、半之數。八節各九道，七十二道周焉。

九道正交月度

置月離正交黄道宿度，各以所入限率乘之，亦乘其分，經法約之，爲泛差。用求黄赤二差，以加減之，即月離正交九道宿度也。

九道朔月度

置月離正交九道宿度，以入交度加之，命以九道宿次，即其朔加時月離九道宿度也。

九道望月度

置朔望加時日相距之度，以軌中加之，爲加時象積。用加其朔九道月度，命以其道宿次，即所求也。自望推朔，亦如之。

月離午中入曆

置朔望月離入曆，加半統，減去定分，各以日躔月離朓朒定數，朓減、朒加之，即所求也。

晨昏月度

置其日晨昏分，以定分減之，爲前；不足，返減，爲後。用乘其日離程，統法而一〔一六〕，滿經法爲度，爲晨昏前後度。前加、後減加時月，爲晨昏月度。

晨昏象積

置加時象積，以前象前後度，前減、後加；又以後象前後度，前加、後減之，即所求也。

每日晨昏月度

累計距後象離度[一七]，以減晨昏象積，爲加；不足，反減之，爲減。以距後象日數除之，用加減每日離度，爲定度。累加晨昏月度，命以九道宿次，即所求也[一八]。

月去黄道度

置入交定日。交中以下，月行陽道；以上，去之，月行陰道：皆以經法通之。用減九百八十，餘以乘之，五百五十六而一，爲分；滿經法爲度。行陽道，在黄道外；行陰道，在黄道内，即所求月去黄道内外度也。

日月食限

置定交行陰陽道日。半交中以下，爲交後；以上，用減交中，爲交前：皆以統法通之，爲距交分。朔視距交分，陽道四千二百一十九[一九]、陰道一萬三百八十三以下，日入食限。望視距交分陰陽道皆六千九百九十五以下，月入蝕限。

日月食甚加時定分

置朔定分。半統以上，以半統減之，半統以下，用減半統，爲距午分。十一乘之，經法而一。半統以下，以減半統；以上，以加朔定分[二〇]，爲日食加時定分。望以其日晨分與一千六百二十相減，餘以二百四十五乘之，三百一十三而一；用減二百四十五，餘以損益望定分，爲月食加時定分。

日食常準

置中準，與其日赤道内外數相乘，二千五百一十三除，爲黄道出入食差。以距午分減半晝分以乘之，半晝分而一；赤道内以減、赤道外以加中準，爲日食常準。

日食定準

置日躔入曆，以經法通之，三千二百八十七以下，用減三千二百八十七，爲二至後；以上，減去三千二百八十七，爲二分前。六千五百七十四以上，用減九千八百六十一，爲二分後；以上，減去九千八百六十一，爲二至前。各三約之，二至前後用減〔一二〕、二分前後用加二千七百七十二〔一三〕，爲黄道斜正食差。以距午分乘之，半晝分而一，以加常準，爲定準。

日食分

以定準加中限，爲陰道定準；減中限，爲陽道定限。不足減者，反減之，爲限外分。視陰道距交分，定準以上，定限以下，爲陰道食；即置定限，以距交分減之，爲距食分。定準以下，雖曰陰道，亦爲陽道食；即加陽道定限，爲距食分。其有限外分者，即減去限外分，爲距食分。不足減者，不食。其陽道距交分〔一四〕，定限以下，爲入定食限；即用減陽道定限，爲距食分。各置距食分，皆以四百七十八除，爲日食之大分，餘爲小分。命大分以十爲限，命小分以半及彊弱。

月食分

視距交分，中準以下，皆既；以上，用減食限，爲距食分。置之，以五百二十六除，爲月食之大分，餘爲小分。命大分以十爲限，命小分以半及彊弱。

日食泛用分

置距食分，一千九百一十二以上，用減四千七百八十；餘自相乘，六萬三千二百七十二除之；以減六百四十七，爲泛用分。九百五十六以上，用減一千九百一十二，餘以通法乘之，七百三十五而一；以減五百一十七，爲泛用分。九百五十六以上[一四]，以距食分自相乘，二千三百六十二除之；用減三百八十七，爲泛用分。

月食泛用分

置距食分，二千一百四以上，用減五千二百六十；餘自相乘，六萬九千一百六十九除之；以減七百一十一，爲泛用分。一千五十二以上，用減二千一百四十；餘，七除之；以減五百六十七，爲泛用分。一千五十二以下，以距食分減之；餘自相乘，二千六百五十四而一；用減四百一十七，爲泛用分。

日月初末加時定分

各置泛用分，以平離乘之，其日離程而一，爲定用分。以減朔望定分，爲虧初。加之，爲復末。加時常分，如食甚術推之，得虧初、復末定分。置初、甚、末定分，各以辰則除之，爲辰；經法除之，爲刻：即初、甚、末之辰刻也。

虧食所起

日食起虧自西，月食起虧自東。其食分少者，月行陽道，則日食偏南，月食偏北；陰道，則日食偏北，月食偏南：此常數也。立春後，立夏前，食分多，則日食偏南，月食偏北；立秋後，立冬前，食分多，則日食偏北，月食偏南：此黄道斜正也。陽道交前，陰道交後，食分多，則日食偏南，月食偏北；陽道交後，陰道交前，食分多，則日食偏北，月食偏南：此九道斜正也。黄道比常數所偏差少，九道比黄道所偏又四分之一：皆據午而言之。若午前午後，一理偏南，一理偏北，及消息所食分數多少，以定初、甚、末之方，即各得所求也。

帶食出入分

視其日出入分，在虧初定分已上，復末定分已下，即帶食出入。食甚在出入分已下者，以出入分減復末定分，爲帶食差。食甚在出入分已上者，以虧初定分減出入分，爲帶食差。各置帶食差，以距食分乘之，定用分而一，日以四百七十八、月以五百二十六除，爲帶食之大分，餘爲小分。

食入更籌

各置初、甚、末定分。晨分已下，以晨分加之；昏分已上，以昏分減之，皆更用分而一，爲更數。餘，籌用分而一，爲籌數。

欽天步五星術

歲星

周率：二百八十七萬一千九百七十六，六。

變率：二十四萬二千二百一十五，六十六。

曆率：二百六十二萬九千九百六十六〔二五〕，七十八。

周策：三百九十八，六千三百七十六，六。

曆中：一百八十二，四千四百八十，八十九。

變段	變日	變度	變曆
晨見	一十七	三 三十七	二 二十四
順疾	九十	一十六 六十三	一十一 一十三

順遲	二十五	二九	一二十九
前留	二十六三十二		
退遲	一十四	一一十二	空二十八
退疾	二十七	四三十八	一三十七
退疾	二十七	四三十八	一三十七
退遲	一十四	一一十二	空二十八
後留	二十六三十二		
順遲	二十五	二九	一二十九
順疾	九十	一十六六十三	一十一一十三
夕伏	一十七	三三十七	二二十四

熒惑

周率：五百六十一萬五千四百二十二，一十一。

變率：二百九十八萬五千六百六十一，七十一。

曆率：二百六十二萬九千七百六十，空。

周策：七百七十九，六千六百二十二，一十一。

曆中：一百八十二，四千四百八十，空。

變段	變日	變度	變曆
晨見	七十三	五十三六十八	五十五十八
順疾	七十三	五十一一	四十八三
次疾	七十一	四十六六十九	四十四一十七
次遲	七十一	四十五三十三	四十二五十八
順遲	六十二	一十九二十九	一十八二十
前留	八六十九		
退遲	一十	一五十八	空四十四
退疾	二十一	七四十六	二四十
退疾	二十一	七四十六	二四十
退遲	一十	一五十八	空四十四
後留	八六十九		
順遲	六十二	一十九二十九	一十八二十
次遲	七十一	四十五三十三	四十二五十八

次疾	七十一	四十六 六十九	四十四 一十七
順疾	七十三	五十一 一	四十八 三
夕伏	七十三	五十三 六十八	五十五 十八

鎮星

周率：二百七十二萬二千一百七十六，九十。

變率：九萬二千四百一十六，五十。

曆率：二百六十二萬九千七百五十九，八十。

周策：三百七十八，五百七十六，九十。

曆中：一百八十二，四千四百七十九，九十。

變段	變日	變度	變曆
晨見	一十九	二 七	一 一十四
順疾	六十五	六 三十八	三 五十一
順遲	一十九	空 六十三	空 三十五
前留	三十七 三		
退遲	一十六	空 四十三	空 一十四

退疾	三十三	二三十五	空六十
退疾	三十三	二三十五	空六十
退遲	一十六	空四十三	空一十四
後留	三十七三		
順遲	一十九	空六十三	空三十五
順疾	六十五	六三十八	三五十一
夕伏	一十九	二七	一一十四

太白

周率：四百二十萬四千一百四十三，九十六。

變率：四百二十萬四千一百四十三，九十六。

曆率：二百六十二萬九千七百五十，五十六。

周策：五百八十三，六千五百四十三，九十六。

曆中：一百八十二，四千四百七十五，二十八。

變段	變日	變度	變曆
夕見	四十二	五十三四十	五十一一十七

順疾	九十六	一百二十一五十七	一百一十六三十九
次疾	七十三	八十三十七	七十七二〔二六〕
次遲	三十三	三十四一	三十二四十
順遲	二十四	一十一六十一	一十一二十四
前留	六六十九		
退遲	四	一二十二	空三十一
退疾	六	三六十五	一二十二
夕伏	七	四四十	一三十七
晨見	七	四四十	一三十七
退疾	六	三六十五	一二十二
退遲	四	一二十二	空三十一
後留	六六十九		
順遲	二十四	一十一六十一	一十一二十四
次遲	三十三	三十四一	三十二四十
次疾	七十三	八十三十七	七十七二〔二七〕

順疾	九十六	一百二十一五十七	一百一十六三十九
晨伏	四十二	五十三四十	五十一一十七

辰星

周率：八十三萬四千三百三十五，五十二。

變率：八十三萬四千三百三十五，五十二。

曆率：二百六十二萬九千七百六十，四十四。

周策：一百一十五，六千三百三十五，五十二。

曆中：一百八十二，四千四百八十，二十二。

變段	變日	變度	變曆
夕見	一十七	三十四一	二十九五十四〔二八〕
順疾	一十一	一十八二十四	一十六四
順遲	一十六〔二九〕	一十一四十三	一十一十
前留	二六十八		
夕伏	一十一	六	二
晨見	一十一	六	二

後留 二六十八

順遲 一十六〔三〇〕 一十一 四十三 一十一 一十

順疾 一十一 一十八 二十四 一十六 四

晨伏 一十七 三十四 一 二十九 五十四

中日中星

置氣積，以其星周率除之，爲周數，不盡爲天正中氣積前合〔三一〕。用減歲率，爲前年天正中氣後合。如不足減，則加歲率以減之，爲次前年天正中氣後合。各以統法約之，爲日、爲度，即所求平合中日、中星也。置中日，以逐段變日累加之，即逐段中日也。置中星，以逐段變度順加、退減之，即得逐段中星。金水夕伏晨見，皆退變也。

入曆

置變率，以周數乘之，以曆率去之，餘滿統法爲度。曆中以下，爲先；以上，減去曆中，爲後：即所求平合入曆。以逐段變曆累加之，得逐段入曆也。

先後定數

置入曆分，以其度損益率乘之，經法而一，用損益其下先後數，即所求也。

常日定星

置中日中星，各以先後定數，先加、後減之，留用前段先後數，太白順伏見及前順疾次疾後次遲次疾疾、辰星順伏見及前疾後遲，並先減、後加之，即各爲其段常日定星。置定星，以其年天正中氣日躔黄道宿次加而命之，得逐段末日加時宿度也。

盈縮定數

置常日，如歲中以下，爲在盈；以上，減去歲中，餘爲在縮，即常日入盈縮曆也〔三〕。置曆分，以其日損益率乘之，經法而一，用損益其下盈縮數，即得所求也。

定日

置常日，以盈縮定數盈減、縮加之，爲定日。以其年天正中氣加而命之，即逐段末日加時日辰也。

入中節

置定日，以氣策除之，命起冬至，即所入氣日數也。

平行分

置定日，以前段定日減之，爲日率；定星與前段定星相減，爲度率。通度率，以經法乘之，通日率而一，爲平行分。

初末行分

近伏段與伏段平行分，合而半之，爲其段近伏行分。以平行分減之，餘減平行分，爲其段遠伏行分。近留段近留行分空。倍平行分爲其段遠留行分。其不近伏留段，皆以順行二段平行分，合而半之，爲前段末日、後段初日行分。各與其段平行分相減，平行分多，則加平行分；平行分少，則減平行分，即前段初日、後段末日行分。其不近伏留段，退行則以遲段近疾行分，爲疾段近遲行分，所得與平行分相減，平行分多，則加之，少則減之：皆爲遠遲行分也。

初行夜半宿次

置經法，以前段末日加時分減之，餘乘前段末日行分，經法而一。用順加、退減前段末日加時宿度，爲其段初行昏後夜半宿度也。

每日行分

初末行分相減，爲差率。累計其段初行昏後夜半距後段初行昏後夜半日數除之，爲日差。半日差，以減多、加少爲其段初末定行分。置初定行分，用日差末多則累加〔三三〕、末少則累減，爲每日行分。以每日行分順加、退減初行昏後夜半宿度，爲每日昏後夜半星所至宿度也。

先定日昏後夜半宿次

自初日累計距所求日數，以乘其段日差，末多用加、末少用減初日行分，爲其日行分。合初日而半之，以所累計日乘之，用順加、退減其段初行昏後夜半宿次，即所求也。

欽天步發斂術

候策：五，五百二十四，四十五。
卦策：六，六百二十九，三十四。
外策：三，三百一十四，六十七。
維策：一十二，一千二百五十八，六十八。
氣盈：一千五百七十三，三十五。
朔虚：三千三百九十九，七十二。

氣候圖

冬至　十一月中	蚯蚓結	麋角解	水泉動
小寒　十二月節	鴈北鄉	鵲始巢	雉始雊
大寒　十二月中	雞始乳	鷙鳥厲疾	水澤腹堅
立春　正月節	東風解凍	蟄蟲始振	魚上冰

雨水 正月中　獺祭魚　鴻鴈來　草木萌動

驚蟄 二月節　桃始華　倉庚鳴　鷹化爲鳩

春分 二月中　玄鳥至　雷乃發聲　始電

清明 三月節　桐始華　田鼠化爲鴽　虹始見

穀雨 三月中　萍始生　鳴鳩拂其羽　戴勝降于桑

立夏 四月節　螻蟈鳴　蚯蚓出　王瓜生

小滿 四月中　苦菜秀　靡草死　小暑至

芒種 五月節　螗螂生　鵙始鳴　反舌無聲

夏至 五月中　鹿角解　蜩始鳴　半夏生

小暑 六月節　温風至　蟋蟀居壁　鷹乃學習

大暑 六月中　腐草爲螢　土潤溽暑　大雨時行

立秋 七月節　涼風至　白露降　寒蟬鳴

處暑 七月中　鷹祭鳥　天地始肅　禾乃登

白露 八月節　鴻鴈來　玄鳥歸　羣鳥養羞

秋分 八月中　雷乃收聲　蟄蟲坯户　水始涸

寒露	九月節	鴻鴈來賓	雀入水爲蛤	菊有黄華
霜降	九月中	豺祭獸	草木黄落	蟄蟲咸俯
立冬	十月節	水始冰	地始凍	雉入水爲蜃
小雪	十月中	虹藏不見	天氣上騰地氣下降	閉塞成冬
大雪	十一月節	鶡鳥不鳴	虎始交	茘挺出

爻象圖

冬至	坎初六	公	中孚	辟	復	侯	屯內
小寒	坎九二	侯	屯外	大夫	謙	卿	睽
大寒	坎六三	公	升	辟	臨	侯	小過內
立春	坎六四	侯	小過外	大夫	蒙	卿	益
雨水	坎九五	公	漸	辟	泰	侯	需內
驚蟄	坎上六	侯	需外	大夫	隨	卿	晉
春分	震初九	公	解	辟	大壯	侯	豫內
清明	震六二	侯	豫外	大夫	訟	卿	蠱
穀雨	震六三	公	革	辟	夬	侯	旅內

立夏	震九四	侯旅外	大夫師	卿比
小滿	震六五	公小畜	辟乾	侯大有內
芒種	震上六	侯大有外	大夫家人	卿井
夏至	離初九	公咸	辟姤	侯鼎內
小暑	離六二	侯鼎外	大夫豐	卿渙
大暑	離九三	公履	辟遯	侯恒內
立秋	離九四	侯恒外	大夫節	卿同人
處暑	離六五	公損	辟否	侯巽內
白露	離上九	侯巽外	大夫萃	卿大畜
秋分	兌初九	公賁	辟觀	侯歸妹內
寒露	兌九二	侯歸妹外	大夫无妄	卿明夷
霜降	兌六三	公困	辟剝	侯艮內
立冬	兌九四	侯艮外	大夫既濟	卿噬嗑
小雪	兌九五	公大過	辟坤	侯未濟內
大雪	兌上六	侯未濟外	大夫蹇	卿頤

七十二候

各置中節，即初候也。以候策累加之，即次候也。

六十四卦

置中氣，即公卦也。以卦策累加之，即次卦也。置候卦，以外策加之，即外卦也。

五行用事

置四立之節而命之，即春木、夏火、秋金、冬水用事之初也。置四季之節，各以維策加之，即土用事也〔三四〕。

没日

中節分五千六百二十六秒六十五已上者，用減統法，爲有没分。通氣策以乘之，氣盈而一，滿統法爲日；用加其氣而命之，即所求没日也。

滅日

常朔分朔虚已下者，爲滅分。以朔率乘之，朔虚而一，盈統法爲日；用加其朔而命之，即所求滅日也。

右朴所撰欽天曆經四篇。舊史亡其步發斂一篇，而在者三篇，簡略不完，不足爲法。

朴曆世既罕傳，予嘗問於著作佐郎劉羲叟，羲叟爲予求得其本經，然後朴之曆大備。羲叟好學知書史，尤通於星曆，嘗謂予曰：「前世造曆者，其法不同而多差。至唐一行始以天地之中數作大衍曆，最爲精密。後世善治曆者，皆用其法，惟寫分擬數而已。至朴亦能自爲一家。朴之曆法，總日躔差爲盈縮二曆，分月離爲遲疾二百四十八限，以考衰殺之漸，以審朓朒，而朔望正矣。校赤道九限，更其率數，以步黄道，使日躔有常度；分黄道八節，辨其内外，以揆九道，使月行如循環，而二曜協矣。觀天勢之升降，察軌道之斜正，以制食差，而交會密矣。測岳臺之中晷，以辨二至之日夜，而軌漏實矣。推星行之逆順、伏留，使舒亟有漸，而五緯齊矣。然不能宏深簡易，而徑急是取。至其所長，雖聖人出不能廢也。」羲叟之言蓋如此，覽者得以考焉。

校勘記

〔一〕在乎知天人之變者也　「人」字原闕，據舊五代史卷一四〇曆志、五代會要卷一〇補。按本卷下文敍「人情之動」與「天道之動」，此處當有「人」字。

〔二〕必順其時　「順」，舊五代史卷一四〇曆志、五代會要卷一〇作「授」。

〔三〕同則陰陽之數合　「同」，原作「何」，據宋丙本、宗文本、舊五代史卷一四〇曆志、五代會要卷一〇改。

〔四〕五之得朞數　「五」下原有「行」字，據舊五代史卷一四〇曆志、五代會要卷一〇删。按「之」指七十二，「朞」指三百六十，「五之，得朞數」，意即五乘七十二，得三百六十，「行」字衍。

〔五〕則迂迴而難用　「迴」字原闕，據宗文本、舊五代史卷一四〇曆志、五代會要卷一〇補。

〔六〕積七千二百六十九萬八千四百五十二算外　「五十二」，原作「五十三」，據南監本、舊五代史卷一四〇曆志改。

〔七〕一百八十二　舊五代史卷一四〇曆志作「一百八十三」。

〔八〕二分前後各九限以加赤道宿　「宿」字原闕，據宗文本補。

〔九〕以所入限率乘其分　「以」字原闕，據宗文本補。

〔一〇〕各以辰則除　「則」字原闕，據宗文本補。

〔一一〕一十九萬五千九百二十七　舊五代史卷一四〇曆志作「一十九萬五千九百三十七」。

〔一二〕三十　原作「三十二」，據宋丙本、宗文本、舊五代史卷一四〇曆志改。舊五代史影庫本粘籤：「小數『三十』，歐陽史作『三十二』，以統法推之，當作『三十』，今仍薛史之舊。」

〔一三〕統法通朔交定日　「統」上原有「經」字，據宗文本删。

〔一四〕起第二限之宿　「二」，原作「一」，據宋丙本、宗文本改。

〔一五〕爲黃道差　「差」，原作「産」，據宋丙本、南監本改。

〔一六〕統法而一　「而一」，原作「一而」，據宗文本乙正。

〔一七〕累計距後象離度　「後」字原闕，據宗文本補。

〔一八〕即所求也　「也」字原闕，據宗文本補。

〔一九〕陽道四千二百一十九　「二百」，宗文本作「三百」。

〔二〇〕以加朔定分　「分」，原作「而」，據宗文本改。

〔二一〕二至前後用減　「用減」二字原闕，據宋丙本、宗文本補。

〔二二〕二分前後用加二千七百七十二　「二分前後用」五字原闕，據宗文本補。

〔二三〕其陽道距交分　「陽道」，原作「陰道」，據宗文本改。

〔二四〕九百五十六以上　按本卷上文已敍「九百五十六以上」，「以上」疑作「以下」。

〔二五〕二百六十二萬九千九百六十六　舊五代史卷一四〇曆志作「二百六十二萬九千七百六十一」。舊五代史考異卷五：「七百六十一，歐陽史訛作九百六十六，非也。據曆率半之爲曆中，彼此互訂，此條足正歐陽史之訛。」

〔二六〕二　宗文本、永樂大典卷七八五六引五代史作「三」。北監本、舊五代史卷一四〇曆志作「二」。

〔二七〕二　宗文本、永樂大典卷七八五六引五代史作「三」。南監本、舊五代史卷一四〇曆志作「二」。

〔二八〕五十四　原作「三十四」，據宋丙本、宗文本、舊五代史卷一四〇曆志改。

〔二九〕一十六　「一十六」下原有小字「四十三」，據宗文本、舊五代史卷一四〇曆志删。

〔三〇〕一十六　「一十六」下原有小字「四十三」，據宋丙本、宗文本、舊五代史卷一四〇曆志删。

〔三一〕不盡爲天正中氣積前合　本卷下文云「天正中氣後合」，語兩見，「積」字疑衍。

〔三二〕即常日入盈縮曆也　「入」字原闕，據宋丙本、宗文本補。

〔三三〕用日差末多則累加　「用」上原有「分」字，據宗文本删。

〔三四〕即土用事也　「也」字原闕，據宋丙本、宗文本補。

新五代史卷五十九

司天考第二

昔孔子作春秋而天人備，予述本紀，書人而不書天，予何敢異於聖人哉！其文雖異，其意一也。

自堯舜、三代以來，莫不稱天以舉事，孔子删詩書不去也。蓋聖人不絶天於人，亦不以天參人。絶天於人則天道廢，以天參人則人事惑，故常存而不究也。春秋雖書日食、星變之類，孔子未嘗道其所以然者，故其弟子之徒，莫得有所述於後世也。

然則天果與於人乎？果不與乎？曰：天，吾不知，質諸聖人之言可也。易曰：「天道虧盈而益謙，地道變盈而流謙，鬼神害盈而福謙，人道惡盈而好謙。」此聖人極論天人之際，最詳而明者也。其於天地鬼神，以不可知爲言；其可知者，人而已。夫日中則昃，盛衰必復。天，吾不知，吾見其虧益於物者矣。草木之成者，變而衰落之；物之下者，進而流行之。地，吾不知，吾見其變流於物者矣。人之貪滿者多禍，其守約者多福。鬼神，吾不知，吾見人之禍福者矣。天地鬼神，不可知其心，則因其著於物者以測之，故據其迹之可見者以爲言，曰虧益，曰變流，曰害福。若人，則可知者，故直言其情曰好惡。其知與不知，異辭也，參而會之，與人無以異也。其果與於人乎，不與於人乎，則所不知也。以其不可知，故常尊而遠之；以其與人無所異也，則修吾人事而已。人事者，天意也。書曰：「天視自我民視，天聽自我民聽。」未有人心悅於下，而天意怒於上者；未有人理逆於下，而天道順於上者。

然則王者君天下，子生民，布德行政，以順人心，是之謂奉天。至於三辰五星常動而不息，不能無盈縮差忒之變，而占之有中有不中，不可以爲常者，有司之事也。本紀所述人君行事詳矣，其興亡治亂可以見。至於三辰五星逆順變見，有司之所占者，故以其官誌之，以備司天之所考。

嗚呼，聖人既没而異端起。自秦漢以來，學者惑於災異矣，天文五行之説，不勝其繁也。予之所述，不得不異乎春秋也，考者可以知焉。

開平二年夏四月辛丑，熒惑犯上將。甲寅，地震。四年十二月庚午，月有食之。

乾化元年春正月丙戌朔，日有食之。五月，客星犯帝坐。二年正月丙申，熒惑犯房第二星〔一〕。戊申，月犯心大星。四月甲寅，月掩心大星〔二〕。壬申，彗出於張。甲戌，彗出靈臺。

同光元年十月辛未朔，日有食之。二年六月甲申，衆星交流。丙戌，衆星交流。八月戊子，熒惑犯星。十一月丁巳，地震。三年三月丙申，熒惑犯上相。戊申，月有食之。四月癸亥朔，日有食之。甲子，熒惑犯左執法。六月甲子，太白晝見。丙寅，歲犯右執法。己巳，太白晝見。庚寅，衆星流，自二更盡三更而止。辛卯，衆小星流于西南。九月甲辰，月有食之。丁未，天狗墮，有聲如雷，野雉皆雊。丙辰，太白、歲相犯。十一月甲寅，地震。

天成元年三月，惡星入天庫，流星犯天棓。四月庚戌，金犯積尸。六月乙未，衆小星交流。七月己未，月犯太白。庚申，太白晝見。乙丑，月入南斗魁。八月乙酉朔，日有食之。癸卯，太白犯心大星。乙巳，月犯五諸侯。辛亥，熒惑犯上將。九月丁巳，月犯心大星。己巳，月犯昴。庚午，熒惑犯右執法。己卯，熒惑犯左執法。十月戊子，熒惑犯上相。己丑至于庚子，日月赤而無光。丙午，月掩左執法。十一月丁丑，月暈匝火、木。戊寅，月犯金、木、土。十二月戊戌，熒惑犯氐。乙巳，月掩庶子。二年正月甲戌，熒惑、歲相犯。

二月辛卯，熒惑犯鍵閉。三月戊午，月掩鬼。庚申，衆小星流于西北。己巳，熒惑犯上相〔三〕。乙亥，月入羽林。四月丁亥，月犯右執法；癸卯，月入羽林。六月辛丑，熒惑犯房。八月己卯朔，日有食之。庚子，月犯五諸侯。九月壬子，歲犯房。庚申，月入羽林。壬申，月犯上將。十月壬午，月犯五諸侯。癸未，地震。十一月乙卯，月入羽林。辛未，地震；壬申，地震。十二月癸未，地震。三年春正月壬申，金、火合于奎。二月丁丑朔，日有食之。四月丁酉，月犯五諸侯。五月丁巳，月掩房距星。六月乙酉，月掩心庶子。癸巳，月入羽林。自正月至于是月，宗人、宗正摇不止。七月乙卯，月入南斗魁。閏八月癸卯朔，熒惑犯上將。戊申，月犯南斗。乙卯，熒惑犯右執法。庚戌，太白犯右執法〔四〕。九月庚辰，土、木合于箕。辛巳，金、火合于軫。十月庚午，彗出西南。十一月戊子，月掩軒轅大星。乙未，太白犯鎮，月掩房。十二月壬寅朔，熒惑犯房，金、木相犯于斗。乙卯，月有食之。四年正月癸巳，月入南斗魁。二月辛酉，月及火、土合于斗。三月壬辰，歲犯牛。六月癸丑，月有食之，既。七月丁丑，月入南斗。九月丙子，熒惑入哭星。十二月庚戌，月有食之，既。

長興元年六月癸巳朔，日有食之。乙卯，太白犯天罇。八月己亥，月犯南斗。乙卯，月犯積尸。九月辛酉朔，衆小星交流而隕。十一月壬戌，熒惑犯氐。十二月丙辰，熒惑犯天江。二年正月乙亥，太白犯羽林。庚辰，月犯心距星。二月丁未，月犯房。四月甲寅，熒惑犯羽林。五月癸亥，太白晝見。閏五月乙巳，歲晝見。六月壬午，地震。八月丁巳，辰犯端門。九月丙戌，衆星交流。丁亥，衆星交流而殞。戊子，太白晝見。丁未，雷。十一月甲申朔，日有食之。丙戌，太白犯鍵〔五〕。三年四月庚辰，熒惑犯積尸。九月庚寅，太白犯哭星〔六〕。十月壬申，太白晝見。十一月己亥，太白犯壁壘。四年五月癸卯，太白晝見。六月庚午，衆星交流。七月乙亥朔，衆星交流。九月辛巳，太白犯右執法。乙未，雷。

應順元年二月丁酉，衆星流于西北。四月戊寅，白虹貫日。是月改元清泰〔七〕。

清泰元年五月己未，太白晝見。六月甲戌，太白犯右執法。九月辛丑，衆星交流。壬寅，雨雹于京師。冬十一月丁未，彗出虛、危，掃天壘及哭星。

天福元年三月壬子，熒惑犯積尸。二年正月乙卯〔八〕，日有食之。七月丙寅，月有食之。十二月己卯朔，日有白虹二。三年三月壬子，日有白虹二。五月壬子，月犯上將。四年四月辛巳，太白犯東井北轅。甲午，太白犯五諸侯。五月丁未，太白犯輿鬼中星。七月庚子朔，日有食之。九月癸未，月掩畢。五年十一月丁丑，月有食之。六年八月辛卯，太白犯軒轅〔九〕。九月己卯，熒惑犯上將。壬子，彗出于西，掃天市垣〔一〇〕。八年四月戊申朔，日有食之。八月丙子，熒惑犯右掖。十月庚戌，彗出東方。丙辰，熒惑犯進賢。十一月庚子，月犯房。

開運元年二月辛亥，日有白虹二。壬戌，太白犯昴。己巳，熒惑犯天鑰。三月戊子，月有食之。四月丁巳，太白犯五諸侯〔一〕。七月庚辰，月犯熒惑。壬午，月入南斗。甲申，太白犯東井。八月甲辰，熒惑入南斗。九月庚午朔，日有食之。丙子，月入南斗。乙酉，月食昴。丙戌，月有食之。庚寅，月犯五諸侯。十月癸卯，月入南斗。十一月辛巳，月犯昴。十二月癸丑，太白犯辰。二年七月乙未朔，月犯角。壬寅，月犯心前大星。庚戌，歲犯井鉞。八月甲子朔，日有食之。甲戌，歲犯東井。九月己酉，月犯昴。甲寅，太白犯南斗魁。十一月甲午朔，太白犯哭星。癸丑，月掩角距星。戊午，月犯心後星。三年二月壬戌朔，日有食之。

天福十二年四月丙子，太白晝見。十月己丑，太白犯亢距星。十一月壬子，雨木冰。辛酉，雨木冰。壬戌，月犯昴。癸酉，雨木冰。乙亥，月掩心大星。己卯，月犯南斗。十二月乙未，月有食之。

乾祐元年四月甲午，月犯南斗。六月戊寅朔，日有食之。乙未，月入南斗。七月甲寅，月掩心庶子星。八月乙酉〔二〕，鎮犯太微西垣。戊戌，歲犯右執法。九月丁卯，月掩鬼。十月丁丑，歲犯左執法。二年四月壬午，太白晝見。六月癸酉朔，日有食之。壬午，月犯心。丙戌，月犯天關；八月乙亥，月犯房次將。九月壬寅，太白犯右執法。庚戌，太白犯鎮。辛酉，鎮犯右執法〔一三〕。丁卯，太白犯歲。鎮自元年八月己丑入太微垣，犯上將、執法、内屏、謁者，勾已往來，至是歲十一月辛亥而出。【一】甲寅，月犯昴。三年二月甲戌，月犯昴。六月乙卯，鎮犯左掖。七月甲申，熒惑犯司怪。八月癸卯，太白犯房。庚戌，太白犯心大星。十月辛酉，月犯心大星，太白犯木。十一月甲子朔，日有食之。

【一】四百四十三日。

廣順元年二月丁巳，歲犯咸池〔一四〕。己未，熒惑犯五諸侯。三月甲子，歲守心。己卯，熒惑犯鬼。壬午，熒惑犯天尸。四月甲午，歲犯鈎鈐〔一五〕。二年二月庚寅，太白經天。四月丙戌朔，日有食之。七月乙丑，熒惑犯井鉞。八月乙未，熒惑犯天罇。九月辛酉，熒惑犯鬼。庚辰，太白掩右執法〔一六〕。十月壬辰，太白犯進賢。三年四月乙丑，熒惑犯靈臺〔一七〕。五月辛巳，熒惑犯上將。丙申，熒惑犯右執法。七月乙酉，月犯房。十二月戊申，雨木冰。

顯德元年正月庚寅，有大星墜，有聲如雷，牛馬皆逸，京城以爲曉鼓，皆伐鼓以應之。三年正月壬戌，有星孛于參。十二月庚午〔一八〕，白虹貫日。癸酉，月有食之。

五代亂世，文字不完，而史官所記亦有詳略，其日、月、五星之變，大者如此。至於氣祲之象，出没銷散不常，尤難占據。而五代之際，日有冠珥、環暈、纓紐、負抱、戴履、背氣，十日之中常七八，其繁不可以勝書，而背氣尤多。天福八年正月丙戌，黄霧四塞。九年正月乙未，大霧中二白虹相偶。四月庚戌，大霧中有蒼白二虹。廣順元年十一月甲子，白虹竟天。此其尤異者也。至於吴火出楊林江水中、閩天雨豆之類〔一九〕，皆非中國耳目所及者，不可得而悉書矣。

校勘記

〔一〕二年正月丙申熒惑犯房第二星　據劉次沅考證，此日所犯者爲房北第一星。

〔二〕四月甲寅月掩心大星　據劉次沅考證，月掩心大星在四月甲子。按是月己酉朔，甲寅爲初六，甲子爲十六日。

〔三〕己巳熒惑犯上相　據劉次沅考證，時熒惑在房上相東二度。上相，通常指太微東上相。房北第一、第二星也稱房上相、房次相。

〔四〕庚戌太白犯右執法　「庚戌」，舊五代史卷一三九天文志作「庚午」。據劉次沅考證，此天象發生於庚午。又本卷上文敍乙卯事，是月癸卯朔，乙卯爲十三日，庚戌爲初八，庚戌不當在乙卯後。庚午爲二十八日。

〔五〕太白犯鍵　文獻通考卷二八九作「太白犯鍵閉」。

〔六〕九月庚寅太白犯哭星　據劉次沅考證，是時無此天象，太白犯哭星發生於當年十一月庚寅。

〔七〕是月改元清泰　「清泰」二字原闕，據宗文本補。按舊五代史卷四六唐末帝紀上，應順元年四月乙酉改元清泰。

〔八〕二年正月乙卯　「乙卯」下原有「朔」字，據宗文本删。舊五代史卷一三九天文志：「晉高祖天福二年，正月乙卯。先是，司天奏正月二日太陽虧蝕……是日太陽虧，十分内食三分，在尾宿十七度。」按是月甲寅朔，乙卯爲初二。

〔九〕六年八月辛卯太白犯軒轅　據劉次沅考證，太白犯軒轅發生於是月辛丑。按是月戊子朔，辛卯爲初四，辛丑爲十四日。

〔一〇〕壬子彗出于西掃天市垣　五代會要卷一〇：「晉天福六年九月壬午，有彗星，長丈餘。」按是月戊午朔，無壬子，壬午爲二十五日。

〔一一〕四月丁巳太白犯五諸侯　據劉次沅考證，太白犯五諸侯發生於是月丁卯。按是月癸卯朔，丁巳爲十五日，丁卯爲二十五日。

〔一二〕八月乙酉　「乙酉」，舊五代史卷一三九天文志作「己丑」。本卷下文亦云「鎮自元年八月己丑入太微垣」。

〔一三〕辛酉鎮犯右執法　據劉次沅考證，是日鎮犯太微左執法。

〔一四〕廣順元年二月丁巳歲犯咸池　據劉次沅考證，是日歲犯東咸。

〔一五〕四月甲午歲犯鈎鈐　據劉次沅考證，歲犯鈎鈐發生於是月甲辰。按是月壬辰朔，甲午爲初三，甲辰爲十三日。

〔一六〕庚辰太白掩右執法　據劉次沅考證，是日太白犯左執法。

〔一七〕三年四月乙丑熒惑犯靈臺　據劉次沅考證，熒惑犯靈臺發生於是月乙亥。按是月庚戌朔，乙丑爲十六日，乙亥爲二十六日。

〔一八〕十二月庚午　「十二月」，原作「十一月」，據宗文本、舊五代史卷一三九天文志改。按十一月己丑朔，無庚午，十二月己未朔，庚午爲十二日。

〔一九〕闔天雨豆之類　「類」，原作「數」，據宋丙本、宗文本改。

新五代史卷六十

職方考第三

嗚呼，自三代以上莫不分土而治也，後世鑒古矯失，始郡縣天下。而自秦、漢以來，爲國孰與三代長短？及其亡也，未始不分，至或無地以自存焉。蓋得其要，則雖萬國而治，失其所守，則雖一天下不能以容，豈非一本於道德哉！唐之盛時，雖名天下爲十道，而其勢未分。既其衰也，置軍節度，號爲方鎮，鎮之大者連州十餘，小者猶兼三四，故其兵驕則逐帥，帥彊則叛上，土地爲其世有，干戈起而相侵，天下之勢，自茲而分。然唐自中世多故矣，其興衰救難，常倚鎮兵扶持，而侵凌亂亡，亦終以此。豈其利害之理然歟？自僖、昭以來，日益割裂。梁初，天下別爲十一國，南有吳、浙、荆、湖、閩、漢，西有岐、蜀，北有燕、晉，而朱氏所有七十八州以爲梁。莊宗初起并代，取幽、滄，有州三十五，其後又取梁魏、博等十有六州，合五十一州以滅梁。岐王稱臣，又得其州七。同光破蜀，已而復失，惟得秦、鳳、階、成四州，而營、平二州陷于契丹，其增置之州一，合一百二十三州以爲唐。石氏入立，獻十有六州于契丹，而得蜀金州，又增置之州一，合一百九州以爲晉〔一〕。劉氏之初，秦、鳳、階、成復入于蜀，隱帝時增置之州一，合一百六州以爲漢。郭氏代漢，十州入于劉旻，世宗取秦、鳳、階、成、瀛、莫及淮南十四州，又增置之州五而廢者三，合一百一十八州以爲周。宋興因之。此中國之大略也。其餘外屬者，彊弱相并，不常其得失。至於周末，閩已先亡，而在者七國。自江以南二十一州爲南唐，自劍以南及山南西道四十六州爲蜀，自湖南北十州爲楚，自浙東西十三州爲吳越，自嶺南北四十七州爲南漢，自太原以北十州爲東漢，而荆、歸、峽三州爲南平。合中國所有，二百六十八州，而軍不在焉。唐之封疆遠矣，前史備載，而羈縻寄治虛名之州在其間。五代亂世，文字不完，而時有廢省，又或陷于夷狄，不可考究其詳。其可見者，具之如譜。

州	梁	唐	晉	漢	周
汴	都	有宣武。	都	都	都
洛	都	都	都	都	都

州					
雍	有永平。	都	有晉昌。	有永興。	有
兗	有泰寧〔二〕。	有	有	有	有罷。
沂	有	有	有	有	有
密	有	有	有	有	有
青	有平盧。	有	有罷。	有平盧。	有
淄	有	有	有	有	有
齊	有	有	有	有	有
棣	有	有	有	有	有
登	有	有	有	有	有
萊	有	有	有	有	有
徐	有武寧。	有	有	有	有
宿	有	有	有	有	有
鄆	有天平。	有	有	有	有

曹	有	有	有威信。	有罷。	有彰信。
濮	有	有	有	有	有
濟					有太祖置。
宋	有宣武。	有歸德。	有	有	有
亳	有	有	有	有	有
單	有輝州。	有改曰單州。	有	有	有
潁	有	有	有	有	有
陳	有	有	有鎮安。	有軍廢。	有復。
蔡	有	有	有	有	有
許	有匡國。	有忠武。	有	有	有
汝	有	有	有	有	有
鄭	有	有	有	有	有
滑	有宣義。	有義成。	有	有	有

襄	有初曰忠義，後復爲山南東道。	有	有〔三〕	有	有
均	有	有	有	有	有
房	有	有	有	有	有
金	有蜀武雄〔四〕。	有蜀	有懷德。尋罷。	有	有
鄧	有宣化。	有威勝。	有	有	有武勝〔五〕。
隨	有	有	有	有	有
郢	有	有	有	有	有
唐	有	有	有	有	有
復	有	有	有	有	有
安	有宣威。	有安遠。	有罷軍〔六〕。	有復。	有罷。
申	有	有	有	有	有
蒲	有護國。	有	有	有	有

孟	有河陽三城。	有	有	有	有
懷	有	有	有	有	有
晉	有初曰定昌。後曰建寧。	有建雄。	有	有	有
絳	有	有	有	有	有
陝	有鎮國。	有保義。	有	有	有
虢	有	有	有	有	有
華	有感化。	有鎮國。	有	有	有罷軍。
商	有	有	有	有	有
同	有忠武〔七〕。	有匡國。	有	有	有〔八〕
耀	岐義勝。有崇州。靜勝。	有復曰耀州。改順義〔九〕。	有	有	有
解				有隱帝置。	有

邠	岐靜難。有	有	有	有	有
寧	岐有	有	有	有	有
慶	岐有	有	有	有	有
衍	岐有	有	有	有	廢
威			有高祖置。	有	有改曰環州。
鄜	岐保大。有	有	有	有	有
坊	岐有	有	有	有	有
丹	岐有	有	有	有	有
延	岐忠義。有[一〇]	有彰武。	有	有	有
夏	有定難。	有	有	有	有
銀	有	有	有	有	有
綏	有	有	有	有	有
宥	有	有	有	有	有

靈	有朔方。	有	有	有	有
鹽	有	有	有	有	有
岐	岐鳳翔。	有	有	有	有
隴	岐	有	有	有	有
涇	岐彰義。	有	有	有	有
原	岐	有	有	有	有
渭	岐	有	有	有	有
武	岐	有	有	有	有〔二〕
秦	岐雄武。蜀天雄。	有	有	蜀	有
成	岐 蜀	有	有	蜀	有
階	岐 蜀	有	有	蜀	有
鳳	岐 蜀武興〔三〕。	有	有	蜀	有
乾	岐李茂貞置。	有	有	有	有

州					
魏	有天雄。唐	有鄴都。	有鄴都。	有鄴都。	有罷都。
博	有唐	有	有	有	有
貝	有唐	有	有永清。	有	有〔一三〕
衛	有唐	有	有	有	有
澶	有唐	有	有鎮寧。	有	有
相	有昭德。唐	有	有彰德。	有	有
邢	有保義。唐	有安國。	有	有	有
洺	有唐〔一四〕	有	有	有	有
磁	有改曰惠州。唐	有復曰磁州。	有	有	有
鎮	有武順。唐	有成德。	有順德〔一五〕。	有成德。	有
冀	有唐	有	有	有	有
深	有唐	有	有	有	有
趙	有唐	有	有	有	有

易	有唐	有	有	有	有
祁	有唐	有	有	有	有
定	有義武。唐	有	有	有	有
滄	唐橫海。	有	有	有	有
景	唐	有	有	有	有廢。
德	唐	有	有	有	有
濱					有世宗置。
瀛	唐	有	契丹	契丹	有
莫	唐	有	契丹	契丹	有
雄					有世宗置。
霸					有世宗置。
幽	唐盧龍。	有	契丹	契丹	契丹
涿	唐	有	契丹	契丹	契丹

檀	唐	有	契丹	契丹	契丹
薊	唐	有	契丹	契丹	契丹
順	唐	有	契丹	契丹	契丹
營	唐	有契丹	契丹	契丹	契丹
平	唐	有契丹	契丹	契丹	契丹
蔚	唐	有	契丹	契丹	契丹
朔	唐振武。	有	契丹	契丹	契丹
雲	唐大同。	有	契丹	契丹	契丹
應	唐	有彰國。	契丹	契丹	契丹
新	唐	有威塞。	契丹	契丹	契丹
嬀	唐	有	契丹	契丹	契丹
儒	唐	有	契丹	契丹	契丹
武	唐	有	契丹	契丹	契丹

寰		有明宗置。	契丹	契丹	契丹
忻	唐	有	有	有	東漢
代	唐鴈門。	有	有	有	東漢
嵐	唐	有	有	有	東漢
石	唐	有	有	有	東漢
憲	唐	有	有	有	東漢
麟	唐	有	有	有	東漢
府	唐	有	有永安〔一六〕。	有麗軍。	有永安。
并	唐河東。	有北都。	有	有	東漢
汾	唐	有	有	有	東漢
慈	唐	有	有	有	有
隰	唐	有	有	有	有
澤	唐	有	有	有	有

潞	唐昭義。	有安義。昭義。	有	有	有
沁	唐	有	有	有	東漢
遼	唐	有	有	有	東漢
揚	吴淮南。	吴	南唐	南唐	有
楚	吴	吴	南唐	南唐	有
泗	吴	吴	南唐	南唐	有
滁	吴	吴	南唐	南唐	有
和	吴	吴	南唐	南唐	有
光	吴	吴	南唐	南唐	有
黄	吴	吴	南唐	南唐	有
舒	吴	吴	南唐	南唐	有
蘄	吴	吴	南唐	南唐	有
廬	吴	吴	南唐	南唐	有保信。

壽	吳忠正〔一七〕。	吳	南唐清淮〔一八〕。	南唐	有忠正。
海	吳	吳	南唐	南唐	有
泰	吳	吳	南唐	南唐	有
濠	吳	吳	南唐	南唐	有
通					有世宗置。
潤	吳	吳	南唐	南唐	南唐
常	吳	吳	南唐	南唐	南唐
宣	吳寧國。	吳	南唐	南唐	南唐
歙	吳	吳	南唐	南唐	南唐
鄂	吳武昌。	吳	南唐	南唐	南唐
昇	吳	吳	南唐	南唐	南唐
池	吳	吳	南唐	南唐	南唐
饒	吳	吳	南唐	南唐	南唐

信	吴	吴	南唐	南唐	南唐
江	吴	吴	南唐	南唐	南唐
洪	吴鎮南。	吴	南唐	南唐	南唐
撫	吴	吴	南唐	南唐	南唐
袁	吴	吴	南唐	南唐	南唐
吉	吴	吴	南唐	南唐	南唐
虔	有吴	吴	南唐	南唐	南唐
筠〔一九〕			南唐李景置〔二〇〕。	南唐	南唐
建	閩	閩	南唐	南唐	南唐
汀	閩	閩	南唐	南唐	南唐
劍			南唐李景置〔二一〕。	南唐	南唐

漳	閩	閩	南唐留從効	南唐留從効	南唐留從効
泉	閩	閩	南唐留從効	南唐留從効	南唐留從効
福	閩武威〔二三〕。	閩	吳越	吳越	吳越
杭	吳越鎮海。	吳越	吳越	吳越	吳越
越	吳越鎮東。	吳越	吳越	吳越	吳越
蘇	吳越	吳越	吳越	吳越	吳越
湖	吳越	吳越	吳越	吳越	吳越宣德。
温	吳越	吳越	吳越靜海。	吳越	吳越
台	吳越	吳越	吳越	吳越	吳越
明	吳越	吳越	吳越	吳越	吳越
處	吳越	吳越	吳越	吳越	吳越
衢	吳越	吳越	吳越	吳越	吳越
婺	吳越	吳越	吳越	吳越	吳越

睦	吳越	吳越	吳越	吳越	吳越
秀			吳越 元瓘置。	吳越	吳越
荊	南平 荊南。	南平	南平	南平	南平
歸	蜀	南平	南平	南平	南平
峽	蜀	南平	南平	南平	南平
益	蜀 成都。	有後蜀	蜀	蜀	蜀
漢	蜀	有後蜀	蜀	蜀	蜀
彭	蜀	有後蜀	蜀	蜀	蜀
蜀	蜀	有後蜀	蜀	蜀	蜀
綿	蜀	有後蜀	蜀	蜀	蜀
眉	蜀	有後蜀	蜀	蜀	蜀
嘉	蜀	有後蜀	蜀	蜀	蜀
劍	蜀	有後蜀	蜀	蜀	蜀

梓	蜀劍南東川。	有後蜀	蜀	蜀	蜀
遂	蜀武信。	有後蜀	蜀	蜀	蜀
果	蜀	有後蜀	蜀	蜀	蜀
閬	蜀	有保寧。後蜀	蜀	蜀	蜀
普	蜀	有後蜀	蜀	蜀	蜀
陵	蜀	有後蜀	蜀	蜀	蜀
資	蜀	有後蜀	蜀	蜀	蜀
榮	蜀	有後蜀	蜀	蜀	蜀
簡	蜀	有後蜀	蜀	蜀	蜀
邛	蜀	有後蜀	蜀	蜀	蜀
黎	蜀	有後蜀	蜀	蜀	蜀
雅	蜀永平。	有後蜀	蜀	蜀	蜀
維	蜀	有後蜀	蜀	蜀	蜀

茂	蜀	有後蜀	蜀	蜀	蜀
文	蜀	有後蜀	蜀	蜀	蜀
龍	蜀	有後蜀	蜀	蜀	蜀
黔	蜀武泰。	有後蜀	蜀	蜀	蜀
施	蜀	有後蜀	蜀	蜀	蜀
夔	蜀鎮江。	有後蜀	蜀	蜀	蜀
忠	蜀	有後蜀	蜀	蜀	蜀
萬	蜀	有後蜀	蜀	蜀	蜀
興	蜀	有後蜀	蜀	蜀	蜀
利	蜀昭武。	有後蜀	蜀	蜀	蜀
開	蜀	有後蜀	蜀	蜀	蜀
通	蜀	有後蜀	蜀	蜀	蜀
涪	蜀	有後蜀	蜀	蜀	蜀

渝	蜀	有後蜀	蜀	蜀	蜀
瀘	蜀	有後蜀	蜀	蜀	蜀
合	蜀	有後蜀	蜀	蜀	蜀
昌	蜀	有後蜀	蜀	蜀	蜀
巴	蜀	有後蜀	蜀	蜀	蜀
蓬	蜀	有後蜀	蜀	蜀	蜀
集	蜀	有後蜀	蜀	蜀	蜀
壁	蜀	有後蜀	蜀	蜀	蜀
渠	蜀	有後蜀	蜀	蜀	蜀
戎	蜀	有後蜀	蜀	蜀	蜀
梁	蜀山南西道。	有後蜀	蜀	蜀	蜀
洋	蜀武定。	有後蜀	蜀	蜀	蜀
潭	楚武安。	楚	楚	楚	周行逢

衡	楚	楚	楚	楚	周行逢
澧	楚	楚	楚	楚	周行逢
朗	楚〔二三〕	楚武平。	楚	楚	周行逢
岳	楚	楚	楚	楚	周行逢
道	楚	楚	楚	楚	周行逢
永	楚	楚	楚	楚	周行逢
邵	楚	楚	楚	楚	周行逢
全			楚馬希範置。	楚	周行逢
辰	楚	楚	楚	楚	周行逢
融	楚	楚	楚	南漢	南漢
郴	楚	楚	楚	南漢	南漢
連	楚	楚	楚	南漢	南漢
昭	楚	楚	楚	南漢	南漢

宜	楚	楚	楚	南漢	南漢
桂	楚靜江。	楚	楚	南漢〔一四〕	南漢
賀	楚	楚	楚	南漢	南漢
梧	楚	楚	楚	南漢	南漢
蒙	楚	楚	楚	南漢	南漢
嚴	楚	楚	楚	南漢	南漢
富	楚	楚	楚	南漢	南漢
柳	楚	楚	楚	南漢	南漢
象	楚	楚	楚	南漢	南漢
容	南漢寧遠。	南漢	南漢	南漢	南漢
邕	南漢建武。	南漢	南漢	南漢	南漢
端	南漢	南漢	南漢	南漢	南漢
康	南漢	南漢	南漢	南漢	南漢

封	南漢	南漢	南漢	南漢	南漢
恩	南漢	南漢	南漢	南漢	南漢
春	南漢	南漢	南漢	南漢	南漢
新	南漢	南漢	南漢	南漢	南漢
高	南漢	南漢	南漢	南漢	南漢
竇	南漢	南漢	南漢	南漢	南漢
雷	南漢	南漢	南漢	南漢	南漢
化〔二五〕	南漢	南漢	南漢	南漢	南漢
韶	南漢	南漢	南漢	南漢	南漢
藤	南漢	南漢	南漢	南漢	南漢
白	南漢	南漢	南漢	南漢	南漢
廉	南漢	南漢	南漢	南漢	南漢
欽	南漢	南漢	南漢	南漢	南漢

廣	南漢清海。	南漢	南漢	南漢	南漢
橫	南漢	南漢	南漢	南漢	南漢
賓	南漢	南漢	南漢	南漢	南漢
潯	南漢	南漢	南漢	南漢	南漢
惠	南漢	南漢	南漢	南漢	南漢
鬱林	南漢	南漢	南漢	南漢	南漢
英		南漢劉龑置。	南漢	南漢	南漢
雄		南漢劉龑置。	南漢	南漢	南漢
瓊	南漢	南漢	南漢	南漢	南漢
崖	南漢	南漢	南漢	南漢	南漢
儋	南漢	南漢	南漢	南漢	南漢
萬安	南漢	南漢	南漢	南漢	南漢
羅	南漢	南漢	南漢	南漢	南漢

潘	南漢	南漢	南漢	南漢	南漢
勤	南漢	南漢	南漢	南漢	南漢
瀧	南漢	南漢	南漢	南漢	南漢
辯〔二六〕	南漢	南漢	南漢	南漢	南漢

汴州，唐故曰宣武軍。梁以汴州爲開封府，建爲東都。後唐滅梁，復爲宣武軍。晉天福三年升爲東京。漢、周因之。

洛陽，梁、唐、晉、漢、周常以爲都。唐故爲東都。梁爲西都。後唐爲洛京。晉爲西京，漢、周因之。

雍州，唐故上都，昭宗遷洛，廢爲佑國軍。梁初改京兆府曰大安，佑國軍曰永平。唐滅梁，復爲西京。晉廢爲晉昌軍。漢改曰永興，周因之。

曹州，故屬宣武軍節度。晉開運二年置威信軍。漢初，軍廢。周廣順二年復置彰信軍。

宋州，故屬宣武軍節度。梁初徙置宣武軍。唐滅梁，改曰歸德。

陳州，故屬忠武軍節度。晉開運二年置鎮安軍。漢初，軍廢。周廣順二年復之。

許州，唐故曰忠武。梁改曰匡國。唐滅梁，復曰忠武。

滑州，唐故曰義成。以避梁王父諱，改曰宣義。唐滅梁，復其故。

襄州，唐故曰山南東道。唐、梁之際改曰忠義軍。後以延州爲忠義，襄州復曰山南東道。

鄧州，故屬山南東道節度。梁破趙匡凝，分鄧州置宣化軍。唐改曰威勝。周改曰武勝。

安州，梁置宣威軍。唐改曰安遠，晉罷，漢復曰安遠，周又罷。

晉州，故屬護國軍節度。梁開平四年置定昌軍，貞明三年改曰建寧。唐改曰建雄。

金州，故屬山南東道節度。唐末置戎昭軍，已而廢之，遂入于蜀。至晉高祖時，又置懷德軍，尋罷。

陝州，唐故曰保義，梁改曰鎮國，後唐復曰保義。

華州，唐故曰鎮國，梁改曰感化，後唐復曰鎮國。

同州，唐故曰匡國，梁改曰忠武，後唐復曰匡國。

耀州，本華原縣，唐末屬李茂貞，建爲耀州，置義勝軍。梁末帝時，茂貞養子温韜以州降梁，梁改耀州爲崇州，義勝曰靜勝。後唐復爲耀州，改曰順義。

延州，故屬保大軍節度。梁置忠義軍，唐改曰彰武。

魏州，唐故曰大名府，置天雄軍，五代皆因之。後唐建鄴都，晉、漢因之，至周罷。大名府，後唐曰興唐，晉曰廣晉，漢、周復曰大名。

澶州，故屬天雄軍節度。晉天福九年置鎮寧軍。

相州，故屬天雄軍節度。梁末帝分置昭德軍，而天雄軍亂，遂入于晉。莊宗滅梁，復屬天雄。晉高祖置彰德軍。

邢州，故屬昭義軍節度。昭義所統澤、潞、邢、洺、磁五州。唐末孟方立爲昭義軍節度使，徙其軍額于邢州，而澤、潞二州入于晉。方立但有邢、洺、磁三州。故當唐末有兩昭義軍。梁、晉之爭，或入于梁，或入于晉。梁以邢、洺、磁三州爲保義軍。莊宗滅梁，改曰安國。

鎮州，故曰成德軍。梁初以「成」音犯廟諱，改曰武順。唐復曰成德，晉又改曰順德，漢復曰成德。

應州，故屬大同軍節度。唐明宗即位，以其應州人也，乃置彰國軍。

新州，唐同光元年置威塞軍〔一七〕。

府州，晉置永安軍，漢罷之，周復。

并州，後唐建北都，其軍仍曰河東。

潞州，唐故曰昭義。梁末帝時屬梁，改曰匡義，歲餘，唐滅梁，改曰安義。晉復曰昭義。

廬州，周世宗克淮南，置保信軍。

壽州，唐故曰忠正，南唐改曰清淮。周世宗平淮南，復曰忠正。

五代之際，外屬之州，揚州曰淮南，宣州曰寧國，鄂州曰武昌，洪州曰鎮南，福州曰武威，杭州曰鎮海，越州曰鎮東，江陵府曰荆南，益州、梓州曰劍南東、西川，遂州曰武信，興元府曰山南西道，洋州曰武定，黔州曰黔南，潭州曰武安，桂州曰靜江，容州曰寧遠，邕州曰建武，廣州曰清海，皆唐故號，更五代無所易，而今因之者也。其餘僭僞改置之名〔二八〕，不可悉考，而不足道，其因著于今者，略注于譜。

濟州，周廣順二年置，割鄆州之鉅野、鄆城，兖州之任城，單州之金鄉爲屬縣而治鉅野。

單州，唐末以宋州之碭山，梁太祖鄉里也，爲置輝州，已而徙治單父。後唐滅梁，改輝州爲單州。其屬縣置徙，傳記不同，今領單父、碭山、成武、魚臺四縣。

耀州，李茂貞置，治華原縣。梁初改曰崇州，唐同光元年復爲耀州。

解州，漢乾祐元年九月置，割河中之聞喜、安邑、解三縣爲屬而治解〔二九〕。

威州，晉天福四年置，割靈州之方渠，寧州之木波、馬嶺三鎮爲屬而治方渠〔三〇〕。周廣順二年改曰環州，顯德四年廢爲通遠軍。【一】

【一】五代置軍六，皆寄治於縣，隸於州，故不別出。監者，物務之名爾，故不載於地理。皇朝軍監始自置屬縣，與州府並列矣。

乾州，李茂貞置，治奉先縣〔三一〕。

磁州，梁改曰惠州，唐復曰磁州。

景州，唐故置弓高。周顯德二年廢爲定遠軍〔三二〕，割其屬安陵縣屬德州，廢弓高縣入東光縣，爲定遠軍治所。

濱州，周顯德三年置，以其濱海爲名。初，五代之際，置㩁鹽務於海傍，後爲贍國軍，周因置州，割棣州之渤海、蒲臺爲屬縣而治渤海。

雄州，周顯德六年克瓦橋關置，治歸義，割易州之容城爲屬，尋廢。

霸州，周顯德六年克益津關置，治永清，割莫州之文安、瀛州之大城爲屬。

通州，本海陵之東境，南唐置靜海制置院，周世宗克淮南，升爲靜海軍，後置通州，分其地置靜海、海門二縣爲屬而治靜海。

筠州，南唐李景置，割洪州之高安、上高、萬載、清江四縣爲屬而治高安。

劍州，南唐李景置，割建州之延平、劍浦、富沙三縣爲屬而治延平。

全州，楚王馬希範置，以潭州之湘川縣爲清湘縣，又割灌陽縣爲屬而治清湘。

秀州，吴越王錢元瓘置，割杭州之嘉興縣爲屬而治之。

雄州，南漢劉龔割韶州之保昌置，治保昌。

英州，南漢劉龔割廣州之湞陽置，治湞陽。

開封府故統六縣。梁開平元年〔三〕，割滑州之酸棗、長垣，鄭州之中牟、陽武，宋州之襄邑，曹州之考城更曰戴邑，許州之扶溝、鄢陵，陳州之太康隸焉。唐分酸棗、中牟、襄邑、鄢陵、太康五縣還其故，晉升汴州爲東京，復割五縣隸焉。

雍丘，晉改曰杞，漢復其故。

長垣，唐改曰匡城。

黎陽，故屬滑州，晉割隸衛州。

葉、襄城，故屬許州，唐割隸汝州。

楚丘，故屬單州，梁割隸宋州。

密州膠西，故曰輔唐，梁改曰安丘，唐復其故，晉改曰膠西。

渭南，故屬京兆，周改隸華州。

同官，故屬京兆府，梁割隸同州，唐割隸耀州。

美原，故屬同州，李茂貞置鼎州而治之。梁改爲裕州，屬順義軍節度。後不見其廢時，唐同光三年，割隸耀州。

平涼，故屬涇州。唐末渭州陷吐蕃，權於平涼置渭州而縣廢。後唐清泰三年，以故平涼之安國、耀武兩鎮置平涼縣，屬涇州。

臨涇，故屬涇州。唐末原州陷吐蕃，權於臨涇置原州而涇州兼治其民。後唐清泰三年割隸原州。

鄜州咸寧，周廢。

稷山，故屬河中，唐割隸絳州。

慈州仵城、吕香，周廢。

大名府大名，故曰貴鄉，後唐改曰廣晉，漢改曰大名。

滄州長蘆、乾符，周廢入清池。無棣，周置保順軍。

安陵，故屬景州，周割隸德州。

漕州頓丘，晉置德清軍。

博州武水，周廢入聊城。

博野，故屬深州，周割隸定州。

武康，故屬湖州，梁割隸杭州。

福州閩清，梁乾化元年，王審知於梅溪場置。

蘇州吴江，梁開平三年，錢鏐置。

明州望海，梁開平三年，錢鏐置。

處州長松，故曰松陽，梁改曰長松。

潭州龍喜，漢乾祐三年〔三四〕，馬希範置。

天長、六合，故屬揚州。南唐以天長爲軍，六合爲雄州，周復故。

漢陽，故屬鄂州，周置漢陽軍。

汉川，故屬沔州，周割隸安州。

襄州樂鄉，周廢入宜城。

鄧州臨湍，漢改曰臨瀨。菊潭、向城，周廢。

復州竟陵，晉改曰景陵。

監利，故屬復州，梁割隸江陵。

唐州慈丘，周廢。

商州乾元，漢改曰乾祐，割隸京兆。

洛南，故屬華州，周割隸商州。

隨州唐城，梁改曰漢東，後唐復舊，晉又改漢東，漢復舊。

雄勝軍，本鳳州固鎮，周置軍。

秦州天水、隴城，唐末廢，後唐復置。

成州栗亭，後唐置。

自唐有方鎮，而史官不録於地理之書，以謂方鎮兵戎之事，非職方所掌故也。然而後世因習，以軍目地〔三五〕，而没其州名。〔一〕又今置軍者，徒以虚名升建爲州府之重，此不可以不書也。州、縣，凡唐故而廢於五代，若五代所置而見於今者，及縣之割隸今因之者，皆宜列以備職方之考。其餘嘗置而復廢，嘗改割而復舊者，皆不足書。山川物俗，職方之掌也，五代短世，無所遷變，故亦不復録，而録其方鎮軍名，以與前史互見之云。

【一】若今永興，本節度軍名，而今命守臣遂曰知永興軍府事，而不言雍州京兆，是也。

校勘記

〔一〕合一百九州以爲晉　「一」字原闕，據宋丙本、宗文本及本卷上下文補。

〔二〕泰寧　原作「太寧」，據宋丙本、宗文本改。

〔三〕有　五代會要卷二四：「晉天福七年，降爲防禦州，直屬京，所管均房二州割隸鄧州，以安從進叛命初平故也。至漢天福十二年六月，復舊爲山南東道使。」據本卷體例，「有」下當有「罷軍」二字。

〔四〕武雄　輿地紀勝卷一八九：「金州，五代前蜀王建改雄武軍，圖經在梁開平二年。」通鑑卷二七一：「蜀雄武節度使兼中書令王宗朗有罪，削奪官爵，復其姓名曰全師朗，命武定節度使兼中書令桑弘志討之。」同卷下文：「蜀桑弘志克金州，執全師朗。」亦可證金州置雄武軍，「武雄」疑爲「雄武」之訛。

〔五〕武勝　原作「威勝」，據宋丙本、宗文本改。按五代會要卷二四：「後唐同光元年改爲威勝軍，周廣順二年三月改爲武勝軍，避諱也。」太平寰宇記卷一四二略同。又本卷下文：「周改爲武勝。」

〔六〕罷軍　原作「威勝」，據宋丙本、宗文本改。按舊五代史卷七九晉高祖紀五：「（天福五年七月甲子）降安州爲防禦使額，以申州隸許州。」

〔七〕忠武　以上二字原闕，據宋丙本、宗文本補。按通鑑卷二六六：「（開平二年五月壬申）同州匡國軍爲忠武軍。」

〔八〕有　舊五代史卷一一八周世宗紀五：「（顯德五年正月乙酉）降同州爲郡。」據本卷體例，「有」下當有「罷軍」二字。

〔九〕改順義　舊五代史卷三二唐莊宗紀六：「（同光三年四月戊寅）以耀州爲團練州，其順義軍額宜停。」據本卷體例，句下當有「尋罷」二字。

〔一〇〕忠義有　本卷下文：「延州，故屬保大軍節度。梁置忠義軍，唐改曰彰武。」據本卷體例，「忠義」二字當移於「有」下。

〔一一〕有　舊五代史卷一一八周世宗紀五：「（顯德五年閏月壬子）廢武州爲潘原縣。」據本卷體例，「有」下當有「廢」字。

〔一二〕武興　以上二字原闕，據宋丙本、宗文本補。按通鑑卷二六九：「蜀……置武興軍於鳳州，割文、興二州隸之。」

〔一三〕有　舊五代史卷一一四周世宗紀一：「（顯德元年十月丙午）詔安、貝二州依舊爲防禦州，其軍額並停。」據本卷體例，「有」下當有「罷軍」二字。

〔一四〕唐　此字原闕，據南監本及本卷上下文補。

〔一五〕順德　太平寰宇記卷六一同，舊五代史卷八〇晉高祖紀六、通鑑卷二八三：「（天福七年正月癸亥）改鎮州爲恒州，成德軍爲順國軍。」五代會要卷二四亦云：「鎮州，天福七年正月改爲順國軍節度。」本卷下文「晉又改曰順德」同。

〔一六〕永安　舊五代史卷九九漢高祖紀上：「（天福十二年四月甲子）升府州爲節鎮，加永安軍額，以振武節度使、府州團練使折從阮爲永安軍節度使，行府州刺史、檢校太尉。」則永安軍爲後漢所置，「永安」二字當下移一格。本卷下文「府州，晉置永安軍」同。

〔一七〕吳忠正　舊五代史卷三九唐明宗紀五：「（天成三年十月甲子）詔升壽州爲忠正軍。戊辰，以雲州節度使索自通領壽州節度使。」本卷下文「壽州，唐故曰忠正」，則忠正軍乃後唐所遥置。

〔一八〕清淮　宋丙本、宗文本無「清淮」二字，按宋祁景文集卷四六壽州風俗記：「唐季僞吳盜據茲地，私號清淮軍。」九國志卷一：「又從徐温破寇於山南，遷壽州團練使。未幾，授清淮軍節度使。」則吳時已置清淮軍。本卷下文「壽州……南唐改曰清淮」同。

〔一九〕筠　本書卷六二南唐世家記保大十年置筠州。按保大十年，即周廣順二年，則筠州非始置於晉。

〔二〇〕李景置　「李景」，原作「李煜」，據南監本及本卷下文改。按本書卷六二南唐世家：「（保大十年）分洪州高安、清江、萬載、上高四縣，置筠州。」

〔二一〕李景置　「李景」，原作「李煜」，據南監本改。本書卷六二南唐世家：「（保大四年）景分延平、劍浦、富沙三縣，置劍州。」本卷下文「劍州，南唐李景置」同。

〔二二〕武威　通鑑卷二六〇：「（乾寧三年九月庚辰）升福建爲威武軍。」新唐書卷六八方鎮表繫其事於乾寧四年，元豐九域志卷九：「唐威武軍節度，周改彰武軍，皇朝太平興國二年復舊。」本書卷六八閩世家、舊五代史卷一三四王審知傳、金石萃編卷一一八唐天祐三年王審知德政碑，皆稱「威武軍」。按錢大昕考異卷六五：「『武威』當作『威武』。」

〔二三〕楚　本書卷六六楚世家記梁太祖時，馬殷「請升朗州爲永順軍，表張佶節度使」。據本卷體例，「楚」字下當有「永順」二字。

〔二四〕南漢　通鑑卷二九〇：「（廣順元年十一月丙寅）吴懷恩引兵奄至城下，希隱、可瓊帥其衆，夜斬關奔全州，桂州遂潰。懷恩因以兵略定宜、連、梧、嚴、富、昭、柳、龔、象等州，南漢始盡有嶺南之地。」則桂州至周初方爲南漢所併，本卷上下文所記連、昭、宜、梧、嚴、富、柳、象諸州同。

〔二五〕化　太平寰宇記卷一六七：「（化州）唐貞觀九年……爲辯州……皇朝太平興國五年改爲化州。」則南漢時未嘗有化州。本卷辯、化並列，疑誤。

〔二六〕辯　原作「辨」，據御覽卷一七二引十道志、通典卷一八四、舊唐書卷四一地理志四、新唐書卷四三上地理志七上改。

〔二七〕唐同光元年置威塞軍　舊五代史卷三二唐莊宗紀六：「（同光二年七月庚申）升新州爲威塞軍節度使，以嬀、儒、武等州爲屬郡。」通鑑卷二七三：「（同光二年七月）庚申，置威塞軍於新州。」

〔二八〕其餘僭僞改置之名　「僭僞」，原作「僭位」，據宗文本、通鑑卷二七〇胡注引歐史職方考改。

〔二九〕割河中之聞喜安邑解三縣爲屬而治解　「三」字原闕，據宗文本、舊五代史卷一五〇郡縣志、五代會要卷二〇補。

〔三〇〕馬嶺　原作「烏嶺」，舊五代史卷一五〇郡縣志：「（天福四年五月）靈州方渠鎮宜升爲威州，隸靈武，仍割寧州木波、馬嶺二鎮隸之。」五代會要卷二〇略同。又舊唐書卷三八地理志一、新唐書卷三七地理志一，慶州領有馬嶺縣，據改。

〔三一〕治奉先縣　太平寰宇記卷三一：「乾州，本京兆奉天縣，唐末李茂貞建爲乾州。」新唐書卷三七地理志一記京兆奉天縣，文明元年析醴泉等縣置，以奉乾陵……乾寧二年以縣置乾州。按錢大昕考異卷六五：「『奉先』當作『奉天』。」

〔三二〕周顯德二年廢爲定遠軍　「二年」，原作「三年」，據宋丙本、宗文本改。按舊五代史卷一一五周世宗紀六、五代會要卷二四、太平寰宇記卷六八皆繫其事於顯德二年。

〔三三〕梁開平元年　册府卷一九六、五代會要卷二〇皆繫其事於開平三年。

〔三四〕漢乾祐三年　舊五代史卷一〇二漢隱帝紀中：「（乾祐二年七月辛亥）湖南奏，析長沙縣東界爲龍喜縣。」

〔三五〕以軍目地　「目」，原作「自」，據宋丙本改。

新五代史卷六十一

嗚呼！自唐失其政，天下乘時，黥髡盜販，衮冕峨巍。吴暨南唐，姦豪竊攘。蜀險而富，漢險而貧，貧能自彊，富者先亡。閩陋荆蹙，楚開蠻服。剥剽弗堪，吴越其尤。牢牲視人，嶺蜑遭劉。百年之間，並起爭雄，山川亦絶，風氣不通。語曰：清風興，羣陰伏；日月出，爝火息。故真人作而天下同。作十國世家。

吴世家第一

楊行密 子渥 隆演 溥

楊行密，字化源，廬州合淝人也。爲人長大有力，能手舉百斤。唐乾符中，江淮羣盜起，行密以爲盜見獲，刺史鄭棨奇其狀貌〔一〕，釋縛縱之。後應募爲州兵，戍朔方，遷隊長。

歲滿戍還，而軍吏惡之，復使出戍。行密將行，過軍吏舍，軍吏陽爲好言，問行密行何所欲。行密奮然曰：「惟少公頭爾！」即斬其首，攜之而出，因起兵爲亂，自號「八營都知兵馬使」。刺史郎幼復棄城走，行密遂據廬州。

中和三年，唐即拜行密廬州刺史。淮南節度使高駢爲畢師鐸所攻，駢表行密行軍司馬，行密率兵數千赴之，行至天長，師鐸已囚駢，召宣州秦彦入揚州，行密不得入，屯于蜀岡。師鐸兵衆數萬擊行密〔二〕，行密陽敗，棄營走，師鐸兵飢，乘勝爭入營收軍實，行密反兵擊之，師鐸大敗，單騎走入城，遂殺高駢。行密聞駢死，縞軍向城哭三日，攻其西門，彦及師鐸奔于東塘，行密遂入揚州。

是時，城中倉廩空虛，飢民相殺而食，其夫婦、父子自相牽，就屠賣之，屠者刲剔如羊豕。行密不能守，欲走。而蔡州秦宗權遣其弟宗衡掠地淮南，彦及師鐸還自東塘，與宗衡合，行密閉城不敢出。已而宗衡爲偏將孫儒所殺，儒攻高郵破之，行密益懼。其客袁襲曰：「吾以新集之衆守空城，而諸將多駢舊人，非有厚恩素信力制而心服之也。今儒兵方盛，所攻必克，此諸將持兩端、因强弱、擇嚮背之時也。海陵鎮使高霸，駢之舊將，必不爲吾用。」行密乃以軍令召霸，霸率其兵入廣陵，行密欲使霸守天長，襲曰：「吾以疑霸而召之，其可復用乎？且吾能勝儒，無所用霸，不幸不勝，天長豈吾有哉！不如殺之，以并其衆。」行密因犒軍擒霸，族之，得其兵數千。已而孫儒殺秦彥、畢師鐸，并其兵以攻行密，行密欲走海陵。襲曰：「海陵難守，而廬州吾舊治也，城廪完實，可爲後圖。」行密乃走廬州。久之，未知所嚮，問襲曰：「吾欲卷甲倍道，西取洪州，可乎？」襲曰：「鍾傳新得江西，勢未可圖，而秦彥之入廣陵也，召池州刺史趙鍠委以宣州。今彥且死，鍠失所恃，而守宣州非其本志，且其爲人非公敵，此可取也。」行密乃引兵攻鍠，戰于曷山，大敗之。進圍宣州，鍠棄城走，追及殺之，行密遂入宣州。

龍紀元年，唐拜行密宣州觀察使。行密遣田頵、安仁義、李神福等攻浙西，取蘇、常、潤州。二年〔三〕，取滁、和州。景福元年，取楚州。孫儒自逐行密，入廣陵，久之，亦不能守，乃焚其城。殺民老疾以餉軍，驅其衆渡江，號五十萬，以攻行密。諸將田頵、劉威等遇之輒敗，行密欲走銅官。其客戴友規曰：「儒來氣鋭而兵多，蓋其鋒不可當而可以挫，其衆不可敵而可久以敝之，若避而走，是就擒也。」劉威亦曰：「背城堅栅，可以不戰疲之。」行密以爲然。久之，儒兵飢，又大疫，行密悉兵擊之，儒敗，被擒，將死，仰顧見威曰：「聞公爲此策以敗我，使我有將如公者，其可敗邪？」行密收儒餘兵數千，以皂衣蒙甲，號「黑雲都」，常以爲親軍。

是歲，復入揚州，唐拜行密淮南節度使。乾寧二年，加檢校太傅、同中書門下平章事。

行密以田頵守宣州，安仁義守潤州。昇州刺史馮弘鐸來附。分遣頵等攻掠，自淮以南、江以東諸州皆下之。進攻蘇州，擒其刺史成及。四年，兗州朱瑾奔于行密。初，瑾爲梁所攻，求救于晉，晉遣李承嗣將勁騎數千助瑾，瑾敗，因與俱奔行密。行密兵皆江淮人，淮人輕弱，得瑾勁騎，而兵益振。是歲，梁太祖遣葛從周、龐師古攻行密壽州，行密擊敗梁兵清口，殺師古，而從周收兵走，追至渒河，又大敗之。五年，錢鏐攻蘇州，及周本戰于白方湖，本敗，蘇州復入于越。天復元年，遣李神福攻越，戰臨安，大敗之，擒其將顧全武以歸。二年，馮弘鐸叛，襲宣州，及田頵戰于曷山，弘鐸敗，將入于海，行密自至東塘邀之，使人謂弘鐸曰：「勝敗，用兵常事也，一戰之衄，何苦自棄于海島？吾府雖小，猶足容君。」弘鐸感泣。行密從十餘騎，馳入其軍，以弘鐸歸〔四〕，爲節度副使，以李神福代弘鐸爲昇州刺史。

是歲，唐昭宗在岐，遣江淮宣諭使李儼拜行密東面諸道行營都統、檢校太師、中書令，封吳王。三年，以李神福爲鄂岳招討使以攻杜洪，荆南成汭救洪，神福敗之于君山。梁兵攻青州，王師範來求救，遣王茂章救之，大敗梁兵，殺朱友寧。友寧，梁太祖子也〔五〕。太祖大怒，自將以擊茂章，兵號二十萬，復爲茂章所敗。田頵叛，襲昇州，執李神福妻子歸于宣州。行密召神福以討頵，頵遣其將王壇逆之，又遺神福書，以其妻子招之。神福曰：「吾以一卒從吳王起事，今爲大將，忍背德而顧妻子乎？」立斬其使以自絶，軍士聞之皆感奮。行至吉陽磯，頵執神福子承鼎以招之，神福叱左右射之，遂敗壇兵于吉陽。行密別遣臺濛擊頵，頵敗死。

初，頵及安仁義、朱延壽等皆從行密起微賤，及江淮甫定，思漸休息，而三人者皆猛悍難制，頗欲除之，未有以發。天復二年，錢鏐爲其將許再思等叛而圍之，再思召頵攻鏐杭州，垂克，而行密納鏐賂，命頵解兵，頵恨之。頵嘗計事廣陵，行密諸將多就頵求賂，而獄吏亦有所求。頵怒曰：「吏欲我下獄也！」歸而遂謀反。

仁義聞之亦反，焚東塘以襲常州。常州刺史李遇出戰，望見仁義大罵之。仁義止其軍曰：「李遇乃敢辱我如此，其必有伏兵。」遂引軍却，而伏兵果發，追至夾岡，仁義植幟解甲而食，遇兵不敢追，仁義復入潤州。行密遣王茂章、李德誠、米志誠等圍之。吳之軍中推朱瑾善槊，志誠善射，皆爲第一。而仁義嘗以射自負，曰：「志誠之弓十，不當瑾槊之一；瑾槊之十，不當仁義弓之一。」每與茂章等戰，必命中而後發，以此吳軍畏之，不敢近。行密亦欲招降之，仁義猶豫未決。茂章乘其怠，穴地道而入，執仁義，斬于廣陵。

延壽者，行密夫人朱氏之弟也。頵及仁義之將叛也，行密疑之，乃陽爲目疾，每接延壽使者，必錯亂其所見以示之。嘗行，故觸柱而仆，朱夫人扶之，良久乃蘇。泣曰：「吾業成而喪其目，是天廢我也！吾兒子皆不足以任事，得延壽付之，吾無恨矣。」夫人喜，急召延壽，延壽至，行密迎之寢門，刺殺之，出朱夫人以嫁之。

天祐二年，遣劉存攻鄂州，焚其城，城中兵突圍而出，諸將請急擊之〔六〕，存曰：「擊之復入，則城愈固，聽其去，城可取也。」是日城破，執杜洪，斬于廣陵。九月，梁兵攻破襄州，趙匡凝奔于行密。十一月，行密卒，年五十四，謚曰武忠。子渥立。溥僭號，追尊行密爲太祖武皇帝，陵曰興陵。

渥，字承天，行密長子也。行密病，出渥爲宣州觀察使。右衙指揮使徐温私謂渥曰：「今王有疾而出嫡嗣，必有姦臣之謀，若它日召子，非温使者愼無應命。」渥涕泣謝温而去。行密病甚，命判官周隱作符召渥，隱慮渥幼弱不任事，勸行密用舊將有威望者代主軍政，乃薦大將劉威，行密未許。温與嚴可求入問疾，行密以隱議告之，温等大驚，遽詣隱所計事。隱未出，而温見隱作召符猶在案上，急取遣之。渥見温使，乃行。行密卒，渥嗣立，召周隱罵曰：「汝，欲賣吾國者，復何面目見楊氏乎？」遂殺之。以王茂章爲宣州觀察使。

渥之入也，多輦宣州庫物以歸廣陵，茂章惜而不與，渥怒，命李簡以兵五千圍之，茂章奔于錢塘。

天祐三年二月，劉存取岳州。四月，江西鍾傳卒，其子匡時代立，傳養子延規怨不得立，以兵攻匡時。渥遣秦裴率兵攻之。九月，克洪州，執匡時及司馬陳象以歸，斬象於市，赦匡時。以秦裴爲江西制置使。

梁太祖代唐，改元開平，渥仍稱天祐。鄂州劉存、岳州陳知新以舟師伐楚，敗于瀏陽，楚人執存及知新以歸。楚王馬殷素聞其名，皆欲活之，存等大罵殷曰：「昔歲宣城脱吾刃下，今日之敗，乃天亡我，我肯事汝以求活耶？我豈負楊氏者。」殷知不可屈，乃殺之，岳州復入于楚。

初，渥之入廣陵也，留帳下兵三千於宣州，以其腹心陳璠、范遇將之。既入立，惡徐温典牙兵，召璠等爲東院馬軍以自衛。而温與左衙都指揮使張顥皆行密時舊將，又有立渥之功，共惡璠等侵其權。四年正月，渥視事，璠等侍側，温、顥擁牙兵入，拽璠等下，斬之，渥不能止，由是失政，而心憤未能發〔七〕，温等益不自安。

五年五月〔八〕，温、顥共遣盜入寢中殺渥，渥説羣盜能反殺温等者皆爲刺史。羣盜皆諾，惟紀祥不從，執渥縊殺之，時年二十三，謚曰景。弟隆演立。溥僭號，追尊渥爲烈宗景皇帝，陵曰紹陵。

隆演，字鴻源，行密第二子也。初名瀛，又名渭。初，温、顥之弑渥也，約分其地以臣於梁，及渥死，顥欲背約自立。温患之，問其客嚴可求，可求曰：「顥雖剛愎，而闇於成事，此易爲也。」明日，顥列劍戟府中，召諸將議事，自大將朱瑾而下，皆去衞從然後入。顥問諸將：「誰當立者？」諸將莫敢對。顥三問，可求前密啓曰：「方今四境多虞，非公主之不可，然恐爲之太速。且今外有劉威、陶雅、李簡、李遇皆先王一等人也，公雖自立，未知此輩能降心以事公否。不若輔立幼主，漸以歲時，待其歸心，然後可也。」顥不能對。可求因趨出，書一教内袖中，率諸將入賀，諸將莫知所爲。及出教宣之，乃渥母史氏教，言楊氏創業艱難，而嗣王不幸，隆演以次當立，告諸將以無負楊氏而善事之。辭旨激切，聞者感動。顥氣色皆沮，卒無能爲，隆演乃得立。

顥由此與温有隙，諷隆演出温潤州。可求謂温曰：「今捨衙兵而出外郡，禍行至矣。」温患之，可求因説顥曰：「公與徐温同受顧託，議者謂公奪其衙兵，是將殺之於外，信乎？」顥曰：「事已行矣，安可止乎？」可求曰：「甚易也。」明日，從顥與諸將造温，可求陽責温曰：「古人不忘一飯之恩，況公楊氏三世之將，今幼嗣新立，多事之時，乃求居外以苟安乎？」温亦陽謝曰：「公等見留，不願去也。」由是不行。行軍副使李承嗣與張顥善，覺可求有附温意，諷顥使客夜刺殺之，客刺可求不能中。明日，可求詣温，謀先殺顥，陰遣鍾章選壯士三十人〔九〕，就衙堂斬顥，因以弒渥之罪歸之。温由是專政，隆演備位而已。

六月〔一〇〕，撫州危全諷叛，攻洪州，袁州彭彥章、吉州彭玕、信州危仔倡皆起兵叛。隆演召嚴可求問誰可用者。可求薦周本，時本方攻蘇州敗歸，慚不肯出，可求彊起之。本曰：「蘇州之敗，非怯也，乃上將權輕，而下多專命爾。若必見任，願無用偏裨。」乃請兵七千。戰于象牙潭，敗之，執全諷、彥章，而玕奔于楚，仔倡奔于錢塘。全諷至廣陵，諸將議曰：「昔先王攻趙鍠，全諷屢饟給吳軍。」乃釋不殺。初，全諷欲舉兵也，錢鏐送王茂章于梁，道過全諷，謂曰：「聞公欲大舉，願見公兵，以知濟否。」全諷陳兵，與茂章登城望之，茂章曰：「我素事吳，吳兵三等，如公此衆，可當其下將爾，非得益兵十萬不可。」而全諷卒以此敗。

八年，徐温領昇州刺史，治舟師於金陵。宣州李遇自行密時爲大將，勳位已高，憤温用事，嘗曰：「徐温何人？吾猶未識，而驟至於此。」温聞之，怒，遣柴再用以兵送王壇代遇，且召之。遇疑不受命，再用圍之，隆演使客將何蕘諭遇使自歸。蕘因説曰：「公若欲反，可殺蕘以示衆，若本無心，何不隨蕘以出？」遇自以無反心，乃隨蕘出，温諷再用伺其出，殺之，并族其家。

九年，温率將吏進隆演位太師、中書令、吳王。温爲行軍司馬、鎮海軍節度使、同中書門下平章事。陳章攻楚取岳州〔一一〕，執其刺史苑玫。

十年，越人攻常州，徐温敗之于無錫。梁遣王茂章攻壽春，温敗之霍丘。

十二年，封徐温齊國公、兩浙都招討使，始鎮潤州。留其子知訓爲行軍副使，秉政，而大事温遥決之。冬，濬楊林江，水中出火，可以燃。

十三年，宿衛將李球、馬謙挾隆演登樓，取庫兵以誅知訓，陣于門橋。知訓與戰，頻却，朱瑾適自外來，以一騎前視其陣，曰：「此不足爲也。」因反顧一麾，外兵爭進，遂斬球、謙，而亂兵皆潰。

十四年，徐温徙治金陵。

十五年，遣王祺會洪、袁、信三州兵攻虔、韶，久之不克。祺病，以劉信代之。夏四月〔一〕，副都統朱瑾殺徐知訓，瑾自殺。潤州徐知誥聞亂，率兵入，殺唐宣諭使李儼以止亂，遂秉政。

徐氏之專政也，隆演幼懦，不能自持，而知訓尤凌侮之。嘗飲酒樓上，命優人高貴卿侍酒，知訓爲參軍，隆演鶉衣髽髻爲蒼鶻。知訓嘗使酒駡坐，語侵隆演，隆演愧恥涕泣，而知訓愈辱之。左右扶隆演起去，知訓殺吏一人，乃止。吴人皆仄目。知訓又與朱瑾有隙，瑾已殺知訓，攜其首馳府中示隆演，曰：「今日爲吴除患矣！」隆演曰：「此事非吾敢知！」遽起入内。瑾忿然以首擊柱，提劍而出，府門已闔，踰垣，折其足，遂自刎死。米志誠聞瑾殺知訓〔一三〕，被甲率其家兵至天興門問瑾所在，聞瑾死，乃還。徐温疑志誠助瑾，遣使殺之。嚴可求懼事不克，使人僞從湖南境上來告軍捷，召諸將入賀，擒志誠斬之。劉信克虔州，執譚全播以歸。

十六年春二月，温率將吏請隆演即天子位，不許。夏四月，温奉玉册、寶綬尊隆演即吴王位。建宗廟、社稷，設百官如天子之制，改天祐十六年爲武義元年，大赦境内，追尊行密孝武王，廟號太祖，渥景王，廟號烈祖。拜温大丞相、都督中外諸軍事，封東海郡王，以徐知誥爲左僕射、參知政事，嚴可求爲門下侍郎，駱知祥爲中書侍郎，殷文圭、沈顔爲翰林學士，盧擇爲吏部尚書，李宗、陳章爲左、右雄武統軍，柴再用、錢鏢爲左、右龍武統軍，王令謀爲内樞使〔一四〕，江西劉信征南大將軍，鄂州李簡鎮西大將軍，撫州李德誠平南大將軍，廬州張崇安西大將軍，海州王綰鎮東大將軍，文武以次進位。封宗室皆郡公。

温之徙鎮金陵也，以其養子知誥守潤州。嚴可求嘗謂温曰：「二郎君非徐氏子，而推賢下士，人望頗歸，若不去之，恐爲後患。」温不能用其言。及知誥秉政，其語泄，知誥出可求於楚州，可求懼，詣金陵見温謀曰：「唐亡於今十二年，而吴猶不敢改天祐，可謂不負唐矣。然吴所以征伐四方，而建基業者，常以興復爲辭。今聞河上之戰，梁兵屢衄，若李氏復興，其能屈節乎？宜於此時先建國以自立。」温深然之，因留可求不遣，方謀迫隆演僭號。

二年五月，隆演卒。隆演少年嗣位，權在徐氏，及建國稱制，非其意，常怏怏，酣飲，稀復進食，遂至疾卒，年二十四，謚曰宣。弟溥立，僭號，追尊爲高祖宣皇帝，陵曰肅陵。

溥，行密第四子也，隆演建國，封丹陽郡公。隆演卒，弟廬江公濛次當立，而徐氏秉政，不欲長君，乃立溥。七月，改昇州大都督府爲金陵府，拜徐溫金陵尹。明年二月，改元順義，赦境内。冬十一月，祀天於南郊。御天興樓，大赦。拜徐溫太師、嚴可求右僕射。

三年，唐莊宗滅梁。遣司農卿盧蘋使于唐，嚴可求密條數事授蘋以行。蘋見洛陽，莊宗問之，蘋次第以對，皆如所授。

四年，溥至白沙閱舟師，徐溫來見，以白沙爲迎鑾鎮。

五年，唐遣諫議大夫薛昭文使福州，假道江西，劉信出勞之，謂曰：「亞次聞有信否？」昭文曰：「天子新有河南，未熟公名也。」信曰：「漢有韓信，吴有劉信，君還，其語亞次，當來較射於淮上也。」乃酌大卮，望牙旗鎗首百步，謂昭文曰：「一發而中，願以此卮爲壽，否則亦以自罰。」言訖，而箭已穿矣。

六年，追爵大丞相徐溫四代祖考，立廟於金陵。左僕射徐知誥爲侍中，右僕射嚴可求同平章事。是歲，莊宗崩，五月丁卯，詔爲同光主輟朝七日。

七年，大丞相徐温率吴文武上表勸溥即皇帝位，溥未許而温病。十月，温卒〔一五〕。十一月庚戌，溥御文明殿即皇帝位，改元曰乾貞〔一六〕，大赦境内，追尊行密武皇帝、渥景皇帝、隆演宣皇帝。以徐知誥爲太尉兼侍中，拜温子知詢輔國大將軍、金陵尹，治温舊鎮。諸子皆封王。

二年正月，封東海爲廣德王、江瀆廣源王、淮瀆長源王、馬當上水府寧江王、采石中水府定江王、金山下水府鎮江王。六月，荆南高季興來附，封季興秦王。九月，季興敗楚師於白田，獲其將吏三十四人來獻。

三年十一月，金陵尹徐知詢來朝，知誥誣其有反狀，留之不遣，以爲左統軍，斬其客將周廷望〔一七〕。以徐知諤爲金陵尹。溥加尊號睿聖文明孝皇帝，大赦境内，改元大和，以徐知誥爲中書令。

二年，册其子江都王璉爲太子。

三年，以徐知誥爲金陵尹，以其子景通爲司徒，及左僕射王令謀、右僕射宋齊丘皆平章事。

四年，封知誥東海王。

五年，建都於金陵。

六年閏正月，金陵火，罷建都。廢臨川王濛爲歷陽公，知誥遣親信王宏以兵守之。拜王令謀司徒〔一八〕、宋齊丘司空。知誥召景通還金陵，爲鎮海軍節度副使，以其子景遷爲太保、平章事，與令謀等執政。

七年九月，溥加尊號曰睿聖文明光孝應天弘道廣德皇帝，大赦，改元天祚。知誥進位太師、天下兵馬大元帥，封齊王。

二年，景遷病，以次子景遂爲門下侍郎、參政事。

三年，知誥建齊國，立宗廟、社稷，置左、右丞相已下，以金陵爲西都、廣陵爲東都。冬十月，溥遣江夏王璘奉册禪位於齊王。十二月，溥卒於丹陽〔一九〕，年三十八，謚曰睿。

昇元六年，李昪遷其子孫於海陵，號永寧宮，嚴兵守之，絶不通人。久而男女自爲匹偶，吴人多哀憐之。顯德三年，世宗征淮南，下詔撫安楊氏子孫，而李景聞之，遣人盡殺其族。周先鋒都部署劉重進得其玉硯、馬腦碗、翡翠瓶以獻，楊氏遂絶。

徐温

徐温，字敦美，海州朐山人也。少以販鹽爲盜，行密起合淝，隸帳下。行密所與起事劉威、陶雅之徒，號「三十六英雄」，獨温未嘗有戰功。及行密欲殺朱延壽等，温用其客嚴可求謀，教行密陽爲目疾，事成，以功遷右衙指揮使，始預謀議。

及行密病，平生舊將皆以戰守在外，而温居帳下，遂預立渥之功。及弒渥，又與張顥有隙，使鍾章殺之。章許諾，選壯士三十人，椎牛享之，刺血爲盟。温猶疑章不果，夜半使人探其意，陽謂曰：「温有老母，懼事不成，不如且止。」章曰：「言已出口，寧可已乎？」温乃安。明日，鍾章殺顥，温因盡殺紀祥等，歸弒渥之罪於顥，以其事入白渥母史氏。史氏悸而泣曰〔一〇〕：「吾兒年幼，禍亂若此，得保百口以歸合淝，公之惠也。」

隆演立，温遂專政，遷昇州刺史，治舟師於金陵。大將李遇怒温用事，出嫚言，温使柴再用族遇於宣州。行密舊將，人人皆自疑，温因僞下之，恭謹如見行密，諸將乃安。八年，温遷行軍司馬、潤州刺史、鎮海軍節度使、同平章事。

十年，遣招討使李濤攻越，戰于臨安，裨將曹筠奔于越，濤敗被執。温間遣人語筠曰：「吾用汝爲將，汝軍有求，吾不能給，是吾過也。」赦筠妻子不誅，厚遇之。秋，越人攻毗陵，温戰于無錫，筠感温前言，臨戰奔歸，遂敗越兵。

十二年，封温齊國公，兼兩浙招討使，始就鎮潤州，以昇、潤、宣、常、池、黄六州爲齊國。温城昇州，建大都督府。十四年，徙治之，以其子知訓輔隆演於廣陵，而大事温遥決之。知訓爲朱瑾所殺，温養子知誥自潤州先入，遂得政。

温雖姦詐多疑，而善用將吏。江西劉信圍虔州，久不克，使人説譚全播出降，遣使報温，温怒曰：「信以十倍之衆，攻一城不下，而反用説客降之，何以威敵國？」笞其使者而遣之，曰：「吾以笞信也。」因命濟師，遂破全播。人有誣信逗留陰縱全播，言信將反者，信聞之，因自獻捷至金陵見温，温與信博，信斂骰子厲聲祝曰：「劉信欲背吴，願爲惡彩，苟無二心，當成渾花。」温遽止之，一擲，六子皆赤，温慚，自以巵酒飲信，然終疑之。及唐師伐王衍，温急召信至廣陵，以爲左統軍，託以内備，遂奪其地。

温客尤見信者，惟駱知祥、嚴可求，可求善籌畫，知祥長於財利，温嘗以軍旅問可求，國用問知祥，吴人謂之「嚴駱」。温亦自喜爲智詐，尤得吴人之心。初隨行密破趙鍠，諸將皆爭取金帛，温獨據餘囷，作粥以食餓者。十六年，温請隆演即皇帝位，不許，又請即吴王位，乃許，遂建國改元，拜温大丞相、都督中外諸軍事，封東海郡王。隆演卒，温越次立其弟溥。順義七年，温又請溥即皇帝位，溥未許而温病卒，年六十六，追封齊王，謚曰忠武〔三〕。李昪僭號，號温爲義祖。

嗚呼，盜亦有道，信哉！行密之書，稱行密爲人，寬仁雅信，能得士心。其將蔡儔叛於廬州，悉毁行密墳墓，及儔敗，而諸將皆請毁其墓以報之。行密歎曰：「儔以此爲惡，吾豈復爲邪？」嘗使從者張洪負劍而侍，洪拔劍擊行密，不中，洪死，復用洪所善陳紹負劍，不疑。又嘗罵其將劉信，信忿，奔孫儒，行密戒左右勿追，曰：「信豈負我者邪〔二〕？」其醉而去，醒必復來。」明日，果來。行密起於盜賊，其下皆驍武雄暴，而樂爲之用者，以此也。故二世四主，垂五十年。及渥已下，政在徐溫。於此之時，天下大亂，中國之禍，篡弑相尋，而徐氏父子，區區詐力，裴回三主，不敢輕取之，何也？豈其恩威亦有在人者歟！【一】

【一】據吴録、運曆圖、九國志皆云行密以唐景福元年，再入揚州，至晉天福二年，爲李昪所篡，實四十六年。而舊唐書、舊五代史皆云大順二年入揚州，至被篡，四十七年。吴録徐鉉等撰，運曆圖龔穎撰，二人皆江南故臣，所記宜得實。而唐末喪亂，中朝文字多差失，故今以鉉、穎所記爲定。

校勘記

〔二〕鄭棨　新唐書卷一八八楊行密傳作「鄭綮」。按舊唐書卷一七九、新唐書卷一八三有鄭綮傳。錢大昕考異卷六六：「『棨』當作『綮』。」

〔二〕師鐸兵衆數萬擊行密　「兵」，宋丙本、宗文本作「率」。「擊」，宗文本作「出擊」。

〔三〕二年　本卷上文敍龍紀元年事。按龍紀僅一年，次年正月即改元大順。新唐書卷一〇昭宗紀、通鑑卷二五八繫楊行密取滁、和州事於大順二年。

〔四〕以弘鐸歸　「歸」字原闕，據宗文本補。

〔五〕友寧梁太祖子也　本書卷一三梁家人傳云友寧爲梁太祖兄朗王存之子。又五代會要卷一一記梁開平二年「追封皇從子友寧爲安王」。

〔六〕諸將請急擊之　「請」字原闕，據宗文本補。

〔七〕而心憤未能發　「憤」字原闕，據宗文本補。

〔八〕五年五月　「五月」，原作「三月」，據宋丙本、宗文本改。按通鑑卷二六六繫其事於開平二年五月，開平二年即天祐五年。

〔九〕鍾章　通鑑卷二六六作「鍾泰章」，通鑑考異：「吴録作『鍾章』，十國紀年作『鍾泰章』，今從之。」本書卷六二南唐世家云「（李煜）母鍾氏，父名泰章」，即其人。本卷下文同。

〔一〇〕六月　本卷上文敍天祐五年事，通鑑卷二六七繫其事於開平三年六月，按開平三年即天祐六年。吴光耀纂誤續補卷六：「此『月』字疑『年』字傳寫之誤。」

〔一一〕陳章　通鑑卷二六八作「陳璋」。按九國志卷一有陳璋傳。本卷下一處同。

〔一二〕夏四月　「夏」字原闕，據宋丙本、宗文本補。

〔一三〕米志誠　原作「米至誠」，據宋丙本、宗文本及本卷上文改。本卷下文同。按九國志卷二有米志誠傳。

〔一四〕王令謀爲内樞使　「内樞使」，原作「内樞密使」，據宋丙本、宗文本、通鑑卷二七〇改。通鑑卷二七七胡注：「内樞使，即内樞密使之職。」按周廣業經史避名彙考卷一八：「時以樞密爲内樞者，猶避吴武皇諱也。……案歐史隆演稱帝，以王令謀爲内樞密使……必衍『密』字。」

〔一五〕十月温卒　「十月温」三字原闕，據宗文本補。按通鑑卷二七六繫其事於天成二年十月，天成二年即順義七年。

〔一六〕改元曰乾貞　容齋四筆卷一〇載鄂州南樓磨崖：「其文曰『乾正元年，荆襄寇亂，大吴將軍出陳武昌，詔太守楊公出鎮。』……案楊行密之子溥嗣吴王位，是歲唐明宗天成二年，溥以十一月僭帝，改元乾貞。宋莒公紀年通譜書爲『乾正』，云避仁宗嫌名。通鑑亦同，而此直以爲乾正，一時所立，不應有誤也。」

〔一七〕周廷望　原作「周延望」，據宗文本、本書卷六二南唐世家、通鑑卷二七六、馬令南唐書卷八改。

〔一八〕拜王令謀司徒　「王」字原闕，據宗文本補。

〔一九〕十二月溥卒於丹陽　本書卷六二南唐世家、通鑑卷二八一皆繫楊溥禪位事於吴天祚三年冬十月，徐知誥改元昇元，次年十一月，溥卒。此處敍事疑有脱誤。

〔二〇〕史氏悖而泣曰 「氏」字原闕，據宗文本補。

〔二一〕謚曰忠武 「忠」字原闕，據宗文本、本書卷六二南唐世家、舊五代史卷一三四李昪傳、通鑑卷二七六、九國志卷三補。

〔二二〕信豈負我者邪 「豈」字原闕，據宋丙本、宗文本補。

新五代史卷六十二

南唐世家第二

李昪 子景　景子煜

李昪，字正倫，徐州人也。世本微賤，父榮，遇唐末之亂，不知其所終。昪少孤，流寓濠泗間，楊行密攻濠州，得之，奇其狀貌，養以爲子。而楊氏諸子不能容，行密以乞徐温，乃冒姓徐氏，名知誥。及壯，身長七尺，廣顙隆凖。爲人温厚有謀。爲吴樓船軍使，以舟兵屯金陵。柴再用攻宣州，用其兵殺李遇，昪以功拜昪州刺史。時江淮初定，州縣吏多武夫，務賦斂爲戰守，昪獨好學，接禮儒者，能自勵爲勤儉，以寬仁爲政，民稍譽之。徐温鎮潤州，以昪、池等六州爲屬，温聞昪理昪州有善政，往視之，見其府庫充實，城壁修整，乃徙治之，而遷昪潤州刺史。昪初不欲往，屢求宣州，温不與。既而徐知訓爲朱瑾所殺，温居金陵，未及聞。昪居潤州，近廣陵，得先聞，即日以州兵渡江定亂，遂得政。

昪事徐温甚孝謹，温嘗罵其諸子不如昪，諸子頗不能容，而知訓尤甚，嘗召昪飲酒，伏劍士欲害之，行酒吏刁彦能覺之，酒至昪，以手爪掐之，昪悟起走，乃免。後昪自潤州入覲，知訓與飲於山光寺，又欲害之，徐知諫以其謀告昪，昪起遁去。知訓以劍授刁彦能，使追殺之，及於中塗而還，紿以不及，由是得免。後昪貴，以彦能爲撫州節度使。

知訓之用事也，嘗凌弱楊氏而驕侮諸將，遂以見殺。及昪秉政，欲收人心，乃寬刑法，推恩信，起延賓亭以待四方之士，引宋齊丘、駱知祥、王令謀等爲謀客，士有羈旅於吴者，皆齒用之。嘗陰使人察視民間有婚喪匱乏者，往往賙給之。盛暑未嘗張蓋操扇，左右進蓋，必却之，曰：「士衆尚多暴露，我何用此？」以故温雖遥秉大政，而吴人頗已歸昪。

武義元年，拜左僕射、參知政事。温行軍司馬徐玠數勸温以己子代昪，温遣子知詢入廣陵，謀代昪秉政。會温病卒，知詢奔還金陵，玠反爲昪謀，誣知詢以罪，斬其客將周廷望，以知詢爲右統軍〔一〕。楊溥僭號，拜昪太尉、中書令。大和三年，出鎮金陵，如温之制，留其子景通爲司徒、同平章事，以王令謀宋齊丘爲左右僕射、同平章事。四年，封昪東海郡王。

昪照鑑見白鬚，顧其吏周宗嘆曰：「功業已就，而吾老矣，奈何？」宗知其意，馳詣廣陵見宋齊丘，謀禪代。齊丘以爲未可，請斬宗以謝吴人，昪黜宗爲池州刺史。

吴臨江王濛者〔二〕，怨徐氏捨己而立溥，心嘗不平，及昪將謀篡國，先廢濛爲歷陽公，使吏以兵守之。濛殺守者，奔廬州節度使周本。本，吴舊將也，聞濛至，欲納之，爲其子祚所止。本曰：「此吾故主家郎君也，何忍拒之！」遽自出迎，祚閉門遮本不得出，縛濛送金陵，見殺。

五年，昪封齊王。已而閩、越諸國皆遣使勸進，昪謂人望已歸。天祚三年，建齊國〔三〕，置宗廟社稷，以宋齊丘、徐玠爲左、右丞相。十月，溥遣攝太尉楊璘傳位於昪，國號齊，改元昪元。昪以册尊溥曰：「受禪老臣知誥，謹上册皇帝爲高尚思玄弘古讓皇帝。」追尊徐温爲忠武皇帝，封子景爲吴王，封徐氏子知證江王、知諤饒王。周本與諸將至金陵勸進，歸而嘆曰：「吾不能誅篡國者以報楊氏〔四〕，今老矣，豈能事二姓乎！」憤惋而死。

二年四月，遷楊溥於潤州丹陽宫。以王輿爲浙西節度使、馬思讓爲丹陽宫使，以嚴兵守之。

徐氏諸子請昪復姓，昪謙抑不敢忘徐氏恩，下其議百官，百官皆請，然後復姓李氏，改名曰昪。自言唐憲宗子建王恪生超，超生志，爲徐州判司，志生榮。乃自以爲建王四世孫，改國號曰唐。立唐高祖、太宗廟，追尊四代祖恪爲孝靜皇帝，廟號定宗；曾祖超爲孝平皇帝，廟號成宗；祖志孝安皇帝，廟號惠宗；考榮孝德皇帝，廟號慶宗。奉徐温爲義祖〔五〕，徐氏子孫皆封王、公，女封郡、縣主。以門下侍郎張居詠、中書侍郎李建勳、右僕射張延翰同平章事。十一月，以步騎八萬講武於銅橋。

楊溥卒於丹陽宫。溥子璉爲吴太子時，昪以女妻之，及昪篡國，封其女永興公主。女聞人呼公主，則嗚咽流涕而辭〔六〕，宫中皆憐之。溥卒，以璉爲康化軍節度使，已而以疾卒。

三年四月，昪郊祀昊天上帝於圓丘，禮畢，羣臣請上尊號。昪曰：「尊號，非古也。」不許。州縣言民孝悌五代同居者七家，皆表門閭，復其繇役，其尤盛者江州陳氏，宗族七百口，每食設廣席，長幼以次坐而共食，有畜犬百餘，共一牢食，一犬不至，諸犬爲之不食。

四年六月，晉安州節度使李金全叛，送款于昪，昪遣鄂州屯營使李承裕迎之。承裕與晉將馬全節、安審暉戰安陸南，三戰皆敗，承裕與裨將段處恭皆死，都監杜光鄴及其兵五百人被執送于京師，高祖厚賜之，遣還。昪致書高祖，復送光鄴等，請以敗軍行法，高祖又遣之，昪以甲士臨淮拒之，乃止。

六年，吴越國火，焚其宫室府庫，甲兵皆盡，羣臣請乘其弊攻之，昪不許，遣使弔問，厚賙其乏。錢氏自吴時素爲敵國，昪見天下亂久，常厭用兵，及將篡國，先與錢氏約和，歸其所執將士，錢氏亦歸吴敗將，遂通好不絶。昪客馮延巳好論兵、大言，嘗誚昪曰：「田舍翁安能成大事！」而昪志在守吴舊地而已，無復經營之略也，然吴人亦賴以休息。

七年，昪卒，年五十六，謚曰光文肅武孝高皇帝，廟號烈祖，陵曰永陵。子景立。

景，初名景通，昪長子也。既立，又改名璟。徐温死，昪專政，以爲兵部尚書、參知政事。明年，昪鎮金陵，留景爲司徒、同平章事，與宋齊丘、王令謀居廣陵，輔楊溥。昪將簒國，召景歸金陵爲副都統。昪立，封齊王。昪卒，嗣位，改元保大。尊母宋氏爲皇太后，妃鍾氏爲皇后。封弟壽王景遂爲燕王、宣城王景達爲鄂王〔七〕，景逷前未王，爲保寧王。秋，改封景遂齊王、諸道兵馬元帥、太尉、中書令，景達爲燕王、副元帥，盟於昪柩前，約兄弟世世繼立。封其子冀南昌王、江都尹。

冬十月，破虔州妖賊張遇賢。遇賢，循州羅縣小吏也〔八〕。初，有神降羅縣民家，與人言禍福輒中。遇賢禱之，神曰：「遇賢是羅漢，可留事我。」是時，南海劉龑死，子玢初立，嶺南盜賊起，羣盜千餘人，未有所統，問神當爲主者，神言遇賢，遂共推爲帥。遇賢自號「中天八國王」，改元永樂，置官屬，羣賊盜皆絳衣，攻剽嶺外，問神所嚮，神曰：「當過嶺取虔州。」遂襲南康，節度賈浩不能禦。遇賢據白雲洞，造宮室，有衆十餘萬，連陷諸縣。景遣洪州營屯虞候嚴思〔九〕、通事舍人邊鎬率兵攻之。遇賢問神，神不復語，羣盜皆懼，遂執遇賢以降。

景以馮延巳、常夢錫爲翰林學士，馮延魯爲中書舍人，陳覺爲樞密使，魏岑、查文徽爲副使。夢錫直宣政殿，專掌密命，而延巳等皆以邪佞用事，吴人謂之「五鬼」。夢錫屢言五人者不可用，景不納。十二月，景下令中外庶政委齊王景遂參決，惟陳覺、查文徽得奏事，羣臣非召見者，皆不得入〔一〇〕。給事中蕭儼上疏切諫，不報。侍衛軍都虞候賈崇詣閤求見景，曰：「臣事先朝三十年，見先帝所以成功業者，皆用衆賢之謀，故延接疏遠，未嘗壅隔，然下情猶時有不達者〔一一〕。今陛下新即位，所信用者何人，奈何頓與臣下隔絕！臣老即死，恐無復一見顏色。」因泣下嗚咽，景爲之動容，引與坐，賜食而慰之，遂寢所下令。

初，宋齊丘爲昪謀篡楊氏最有力，及事成，乃陽入九華山，昪屢招之，乃出。昪僭號，未幾，齊丘以病罷相，出爲洪州節度使。景立，復召爲相，而陳覺、魏岑等皆爲齊丘所引用。而岑與覺有隙，譖覺於景，左遷少府監。齊丘亦罷相爲浙西節度使。齊丘不得意，願復歸九華山，賜號「九華先生」，封青陽公，食青陽一縣。

二年二月，閩人連重遇、朱文進弒其君王延羲，文進自立。是時，延羲弟延政亦自立於建州，國號殷。王氏兄弟連兵累年，閩大亂，景因其亂遣查文徽及待詔臧循發兵攻建州。延政聞唐且攻之，遣人紿福州曰：「唐兵助我討賊矣。」福州信之，共殺文進等以降，延政遣其從子繼昌守福州。文徽軍屯建陽，福州將李仁達殺王繼昌自稱留後，泉州將留從効亦殺其刺史黄紹頗，皆送款於文徽。

四年八月，文徽乘勝克建、汀、泉、漳四州，景分延平、劍浦、富沙三縣，置劍州，遷王延政之族于金陵。以延政爲饒州節度使，李仁達爲福州節度使，留從効爲清源軍節度使。景遂欲罷兵，而查文徽、陳覺等皆言：「仁達等餘孽猶在，不若乘勝盡取之。」陳覺自言可不用尺兵致仁達等。景以覺爲宣諭使，召仁達朝金陵，仁達不從。覺慚，還至建州，矯命發汀、建、信、撫州兵攻仁達。時魏岑安撫漳、泉，聞覺起兵，亦擅發兵會覺。景大怒，馮延巳等爲言：「兵業行，不可止。」乃以王崇文爲招討使、王建封爲副使，益兵以會之，以延魯、魏岑、陳覺皆爲監軍使。仁達送款於吴越，吴越以兵三萬應仁達。覺等爭功，進退不相應，延魯與吴越兵先戰，大敗而走，諸軍皆潰歸。景怒，遣使者鎖覺、延魯至金陵。而馮延巳方爲宰相，宋齊丘復自九華召爲太傅，爲稍解之，乃流覺蘄州、延魯舒州。韓熙載上書切諫，請誅覺等，齊丘惡之，貶熙載和州司馬。是歲，契丹陷京師，中國無主，而景方以覺等疲兵東南，不暇北顧。御史中丞江文蔚劾奏宰相馮延巳、諫議大夫魏岑亂政，與覺等同罪而不見貶黜，言甚切直。景大怒，自答其疏，貶文蔚江州司士參軍，亦罷延巳爲少傅、岑爲太子洗馬。

五年，以景遂爲太弟；景達爲元帥，封齊王；南昌王冀爲副元帥，封燕王。契丹遣使來聘，以兵部尚書賈潭報聘。

六年，漢李守貞反河中，遣其客將朱元來求援，景以潤州節度使李金全爲北面行營招撫使，兵攻沭陽，聞守貞已敗，乃還。是時，漢隱帝少，中國衰弱，淮北羣盜多送款於景，景遣皇甫暉出海、泗諸州招納之。

八年，福州詐言吴越戍兵亂，殺李仁達而遯，遣人請建州節度使查文徽，文徽與劍州刺史陳誨下舟閩江趨應之。福州以兵出迎。誨曰：「閩人多詐難信，宜駐江岸徐圖之。」文徽曰：「久則生變，乘其未定，亟取之。」留誨屯江口，進至西門，伏兵發，文徽被擒。誨與越人戰，大敗之，獲其將馬先進。景送先進還越，越亦歸景文徽。是歲，楚王馬希廣爲其弟希萼所弒〔二〕，希萼自立。

九年秋，楚人囚希萼於衡山，立其弟希崇，附于景，楚國大亂。景遣信州刺史邊鎬攻楚，破潭州，盡遷馬氏之族于金陵。景以希萼爲洪州節度使、希崇舒州節度使〔三〕，以邊鎬爲湖南節度使。

十年，分洪州高安、清江、萬載、上高四縣，置筠州。以馮延巳、孫忌爲左右僕射、同平章事。廣州劉晟乘楚之亂，取桂管，景遣將軍張巒出兵爭之，不克。楚地新定，其府庫空虛，宰相馮延巳以克楚爲功，不欲取費於國，乃重斂其民以給軍，楚人皆怨而叛，其將劉言攻邊鎬，鎬不能守，遁歸。

十一年，金陵大火踰月。

十二年，大饑，民多疫死。

十三年十一月，周師南征，詔曰：「蠢爾淮甸，敢拒大邦，盜據一方，僭稱僞號。晉、漢之代，寰海未寧，而乃招納叛亡，朋助兇逆。金全之據安陸，守貞之叛河中，大起師徒，來爲應援。迫奪閩、越，塗炭湘、潭，至於應接慕容，憑陵徐部，沭陽之役，曲直可知。勾誘契丹，入爲邊患，結連并壘，實我世讎。罪惡難名，人神共憤。」乃拜李穀爲行營都部署，攻自壽州始。是時，宋齊丘爲洪州節度使，景召齊丘還金陵，以劉彦貞爲神武統軍、劉仁贍爲清淮軍節度使，以距周師。李穀曰：「吾無水戰之具，而使淮兵斷正陽浮橋，則我背腹受敵。」乃焚其芻糧，退屯正陽。是時，世宗親征，行至圉鎮，聞穀退軍，曰：「唐兵必追之。」遣李重進急趨正陽，曰：「唐兵且至，宜急擊之。」劉彦貞等聞穀退軍，果以爲怯，急追之。比及正陽，而重進先至，軍未及食而戰，彦貞等遂敗。彦貞之兵施利刃於拒馬，維以鐵索；又刻木爲獸，號「捷馬牌」〔一四〕；以皮囊布鐵蒺藜于地。周兵見而知其怯，一鼓敗之。世宗營于淝水之陽，徙浮橋于下蔡。景遣林仁肇等爭之不得，而周師取滁州。景懼，遣泗州牙將王知朗至徐州〔一五〕，稱唐皇帝奉書，願效貢賦，陳兄事之禮，世宗不答。景東都副留守馮延魯、光州刺史張紹、舒州刺史周祚、泰州刺史方訥皆棄城走；延魯削髮爲僧，爲周兵所獲。蘄州裨將李福殺其刺史王承雋降周。景益懼，始改名景以避周廟諱；遣其翰林學士鍾謨、文理院學士李德明奉表稱臣，獻犒軍牛五百頭、酒二千石、金銀羅綺數千，請割壽、濠、泗、楚、光、海六州，以求罷兵。世宗不報，分兵襲下揚、泰。景遣人懷蠟丸書走契丹求救，爲邊將所執。光州刺史張承翰降周。

十四年三月，景又遣司空孫晟、禮部尚書王崇質奉表，辭益卑服，世宗猶不答，前遣鍾謨等并晟、崇質皆留行在。而謨等請歸取景表，盡獻江北地，世宗許之，遣崇質、德明等還，始賜景書曰：「自有唐失御，天步方艱，六紀于茲，瓜分鼎峙。自爲聲教，各擅蒸黎，交結四夷，憑凌上國。華風不競，否運所鍾，凡百有心，孰不興憤？朕擅一百州之富庶，握三十萬之甲兵，農戰交修，士卒樂用，苟不能恢復內地，申畫邊疆，便議班旋，真同戲劇。至於削去尊稱，願輸臣節，孫權事魏，蕭詧奉周，古也雖然，今則不取。但存帝號，何爽歲寒？儻堅事大之心，必不迫人于險。」德明等還，盛稱世宗英武，景不悅。宋齊丘、陳覺等皆以割地無益，而德明賣國以圖利。景怒，斬德明。遣元帥齊王景達與陳覺、邊鎬、許文縝率兵趣壽春，景達將朱元等復得舒、蘄、泰三州。夏，大雨，周師在揚、滁、和者皆却，諸將請要其險隘擊之。宋齊丘曰：「擊之怨深，不如縱之以爲德。」誡諸將閉壁，無得要戰，故周師皆集於壽州。世宗屯於渦口，欲再幸揚州，宰相范質以師老泣諫，乃班師，以李重進攻廬、壽，向訓守揚州。訓請棄揚州，併力以攻壽春，乃封府庫付主者，遣景舊將按巡城中，秋毫不犯而去。淮人大悅，皆負糗糧，以送周師。

十五年，景達遣朱元等屯紫金山，築甬道以餉壽州。二月，世宗復南征，徙下蔡浮橋于渦口，爲鎮淮軍，築二城以夾淮。周師連破紫金諸寨。景達雖爲元帥，而兵事皆決於陳覺〔一六〕。覺與朱元素有隙，以元李守貞客，反覆難信，景遣大將楊守忠代元，且召之。元憤怒，叛降于周，諸軍皆潰，許文縝、邊鎬皆被執，景達以舟兵奔還金陵。劉仁贍病且死，其副使孫羽等以壽州降于周。世宗班師，景遣人焚揚州，驅其士庶而去。冬十月，世宗復南征，遂圍濠州，刺史郭廷謂告于周曰：「臣不能守一州以抗王師，然願請命于唐而後降。」世宗爲之緩攻，廷謂遣人請命于景，景許其降，乃降。又取泗州。周師步騎數萬，水陸齊進，軍士作檀來之歌，聲聞數十里。十二月，屯于楚州之北門。

交泰元年正月，大赦改元。周師攻楚州，守將張彥卿、鄭昭業城守甚堅，攻四十日不可破。世宗親督兵以洞屋穴城而焚之，城壞，彦卿、昭業戰死，周兵怒甚，殺戮殆盡。周師復取海、泰、揚州。世宗幸迎鑾以臨大江，景知不能支，而恥自屈身去其名號，乃遣陳覺奉表，請傳國與其世子而聽命。

初，周師南征，無水戰之具，已而屢敗景兵，獲水戰卒，乃造戰艦數百艘，使降卒教之水戰，命王環將以下淮。景之水軍多敗，長淮之舟，皆爲周師所得。又造齊雲船數百艘，世宗至楚州北神堰，齊雲舟大，不能過，乃開老鸛河以通之〔七〕，遂至大江。景初自恃水戰，以周兵非敵，且未能至江。及覺奉使，見舟師列于江次甚盛，以爲自天而下，乃請曰：「臣願還國取景表，盡獻江北諸州，如約。」世宗許之，始賜景書曰「皇帝恭問江南國主」，勞其良苦而已。是時，揚、泰、滁、和、壽、濠、泗、楚、光、海等州已爲周得，景遂獻廬、舒、蘄、黄，畫江以爲界。五月，景下令去帝號，稱國主，奉周正朔，時顯德五年也。

初，孫晟使于周，留不遣，而世宗問晟江南虚實，不對，世宗怒，殺晟。周已罷兵，景乃贈劉仁贍太師，追封晟魯國公。世宗遣鍾謨、馮延魯歸國。景復遣謨等朝京師，手自書表，稱天地父母之恩不可報；又請降詔書同藩鎮，遣謨面陳願傳位世子。世宗遣謨等還國，優詔以勞安之。景以謨爲禮部侍郎、延魯户部侍郎。

景爲太子時，延魯等皆出入東宫，禮部尚書常夢錫自昪世屢言不可使延魯等近太子，及景立，延魯用事，夢錫每排斥之。景既割地稱臣，有語及朝廷爲大朝者，夢錫大笑曰：「君等嘗欲致君如堯舜，今日自爲小朝邪？」鍾謨素善李德明，既歸，而聞德明由宋齊丘等見殺，欲報其冤，未能發。陳覺，齊丘黨也，與景相嚴續素有隙〔一八〕。覺嘗奉使周，還言世宗以江南不即聽命者，嚴續之謀，勸景誅續以謝罪。景疑之，謨因請使于周，驗其事。景已割地稱臣，乃遣謨入朝謝罪，言不即割地者，非續謀，願赦之。世宗大驚，曰：「續能爲謀，是忠其主也，朕豈殺忠臣乎？」謨還，言覺姦詐，景怒，流覺饒州，殺之，宋齊丘坐覺黨與，放還青陽，賜死。以太弟景遂爲洪州節度使，燕王冀爲太子。

景困於用兵，鍾謨請鑄大錢，以一當十，文曰「永通泉貨」。謨嘗得罪，而大錢廢。韓熙載又鑄鐵錢，以一當二。

九月，太子冀卒〔一九〕，次子從嘉封吳王，居東宮。鍾謨言從嘉輕肆，請立紀國公從善，景怒，貶謨國子司業，立從嘉爲太子。世宗使人謂景曰：「吾與江南，大義已定，然慮後世不能容汝，可及吾世修城隍，治要害，爲子孫計。」景因營緝諸城，謀遷其都于洪州，羣臣皆不欲遷，惟樞密使唐鎬贊之〔二〇〕，乃升洪州爲南昌，建南都。建隆二年，留太子從嘉監國，景遷于南都。而洪州迫隘，宮府營廨，皆不能容，羣臣日夕思歸，景悔怒不已。唐鎬慚懼，發疾卒。

六月，景卒，年四十六〔二二〕。從嘉嗣立，以喪歸金陵，遣使入朝，願復景帝號，太祖皇帝許之，乃謚曰明道崇德文宣孝皇帝，廟號元宗，陵曰順陵。

煜，字重光，初名從嘉，景第六子也。煜爲人仁孝，善屬文，工書畫，而豐額駢齒，一目重瞳子。自太子冀已上，五子皆早亡，煜以次封吳王。建隆二年，景遷南都，立煜爲太子，留監國。景卒，煜嗣立於金陵。母鍾氏，父名泰章。煜尊母曰聖尊后，立妃周氏爲國后，封弟從善韓王、從益鄭王〔二三〕、從謙宜春王、從度昭平郡公、從信文陽郡公。大赦境内。遣中書侍郎馮延魯修貢于朝廷。令諸司四品已下無職事者，日二員待制於内殿。

三年〔二三〕，泉州留從效卒。景之稱臣於周也，從效亦奉表貢獻于京師，世宗以景故，不納。從效聞景遷洪州，懼以爲襲己，遣其子紹基納貢于金陵〔二四〕，而從效病卒，泉人因并送其族于金陵，推立副使張漢思。漢思老不任事，州人陳洪進逐之，自稱留後，煜即以洪進爲節度使。乾德二年，始用鐵錢，民間多藏匿舊錢，舊錢益少，商賈多以十鐵錢易一銅錢出境〔二五〕，官不可禁，煜因下令以一當十。拜韓熙載中書侍郎、勤政殿學士。封長子仲遇清源公〔二六〕、次子仲儀宣城公〔二七〕。

五年，命兩省侍郎、給事中、中書舍人、集賢勤政殿學士，分夕於光政殿宿直，煜引與談論。煜嘗以熙載盡忠，能直言，欲用爲相，而熙載後房妓妾數十人，多出外舍私侍賓客，煜以此難之，左授熙載右庶子，分司南都。熙載盡斥諸妓，單車上道，煜喜留之，復其位。已而諸妓稍稍復還，煜曰：「吾無如之何矣！」是歲，熙載卒，煜嘆曰：「吾終不得熙載爲相也。」欲以平章事贈之，問前世有此比否。羣臣對曰：「昔劉穆之贈開府儀同三司。」遂贈熙載平章事。熙載，北海將家子也，初與李穀相善。明宗時，熙載南奔吴，穀送至正陽，酒酣臨訣，熙載謂穀曰：「江左用吾爲相，當長驅以定中原。」穀曰：「中國用吾爲相，取江南如探囊中物爾。」及周師之征淮也，命穀爲將，以取淮南，而熙載不能有所爲也。

開寶四年，煜遣其弟韓王從善朝京師，遂留不遣。煜手疏求從善還國，太祖皇帝不許。煜嘗怏怏以國蹙爲憂，日與臣下酣宴，愁思悲歌不已。

五年，煜下令貶損制度：下書稱教，改中書、門下省爲左、右内史府，尚書省爲司會府，御史臺爲司憲府，翰林爲文館，樞密院爲光政院，諸王皆爲國公，以尊朝廷。煜性驕侈，好聲色，又喜浮圖，爲高談，不恤政事。

六年，内史舍人潘佑上書極諫，煜收下獄，佑自縊死。

七年，太祖皇帝遣使詔煜赴闕，煜稱疾不行，王師南征，煜遣徐鉉、周惟簡等奉表朝廷求緩師，不答。八年十二月，王師克金陵。九年，煜俘至京師，太祖赦之，封煜違命侯，拜左千牛衛將軍。其後事具國史。

予世家江南，其故老多能言李氏時事，云太祖皇帝之出師南征也，煜遣其臣徐鉉朝于京師。鉉居江南，以名臣自負，其來也，欲以口舌馳説存其國，其日夜計謀思慮言語應對之際詳矣。及其將見也，大臣亦先入請，言鉉博學有材辯，宜有以待之。太祖笑曰：「第去，非爾所知也。」明日，鉉朝于廷，仰而言曰：「李煜無罪，陛下師出無名。」太祖徐召之升，使畢其説。鉉曰：「煜以小事大，如子事父，未有過失，奈何見伐？」其説累數百言。太祖曰：「爾謂父子者爲兩家，可乎？」鉉無以對而退。嗚呼，大哉，何其言之簡也！蓋王者之興，天下必歸于一統。其可來者，來之；不可者，伐之。僭僞假竊，期於掃蕩一平而後已。予讀周世宗征淮南詔，怪其區區攟摭前事，務較曲直以爲辭，何其小也！然世宗之英武有足喜者，豈爲其辭者之過歟？【二】

【二】據湯悦所撰江南録，云景以保大十五年正月，改元交泰，是歲盡獻淮南十四州，畫江爲界。保大十五年，乃周顯德四年也。案五代舊史及世宗實録，顯德四年十月壬申，世宗方復南征，五年正月丙午，始克楚州。二月己亥，景始盡獻淮南諸州，畫江爲界，當是保大十六年也。悦等南唐故臣，記其目見之事，何其差繆？而九國志、紀年通譜之類，但以悦書爲正，不復參校，遂皆差一年。至於景滅閩國，是保大四年，江南録書於三年，亦差一年，已具閩世家注。或疑景立踰年而改元，則滅閩國當爲三年，周取淮南當爲十五年不差，但江南録誤於景立之年改元保大，所以常差一年也。今知不然者，以諸書參較，閩人殺王延羲，當晉開運元年；周師始伐南唐，當顯德二年。據景以初立之年即改元，則開運元年爲保大二年，顯德二年爲保大十三年。今江南録書延羲被殺於二年，周師始伐於十三年，則是景立之年改元，不誤，而悦等書滅王氏、割淮南自各差一年爾。昪自晉天福二年建國，至皇朝開寶八年國滅，凡三十九年。

校勘記

〔一〕以知詢爲右統軍　「右」，本書卷六一吴世家、馬令南唐書卷八作「左」。

〔二〕吴臨江王濛者　「臨江王」，本書卷六一吴世家、通鑑卷二七九、馬令南唐書卷九作「臨川王」。

〔三〕天祚三年建齊國　舊五代史卷一三四李昪傳：「至清泰二年改天祚元年，其年以金陵爲齊國。」

〔四〕吾不能誅篡國者以報楊氏　「能」字原闕，據宗文本補。

〔五〕奉徐温爲義祖　「義祖」，原作「義父」，據宋丙本、宗文本、本書卷六一吴世家、舊五代史卷一三四李昪傳、通鑑卷二八二、馬令南唐書卷八改。

〔六〕則嗚咽流涕而辭　宋丙本、宗文本作「必悲咽流涕而辭」。

〔七〕宣城王景達爲鄂王　「爲」字原闕，據宗文本及本卷上文補。

〔八〕循州羅縣小吏也　「羅縣」，通鑑卷二八三敍其事作「博羅縣」。按舊唐書卷四一地理志四、新唐書卷四三上地理志七上循州下有博羅縣，而無羅縣。本卷下一處同。

〔九〕嚴思　馬令南唐書卷二作「嚴思禮」，通鑑卷二八三作「嚴恩」。

〔一〇〕皆不得入　「皆」字原闕，據宗文本補。

〔一一〕然下情猶時有不達者　「時」字原闕，據宗文本補。

〔一二〕楚王馬希廣爲其弟希萼所弑　據本書卷六六楚世家、舊五代史卷一〇三漢隱帝紀下、通鑑卷二八七，希萼係希廣之兄。

〔一三〕希崇舒州節度使　以上七字原闕，據宋丙本、宗文本補。按馬令南唐書卷三：「希崇爲舒州節度使。」又徐公文集卷六有撫州節度使馬希崇除舒州節度使制。

〔一四〕號捷馬牌　「捷馬牌」，宋史卷四八四李重進傳作「揵馬牌」。按西溪叢語卷下：「南唐世家『號揵馬牌』。按南唐史亦作『揵』字。舉世以爲『捷』字，非也。説文『揵』字，從建。音紀偃切，馬行不利也。」

〔一五〕遣泗州牙將王知朗至徐州　「徐州」，舊五代史卷一一六周世宗紀三、馬令南唐書卷三、卷一六作「滁州」。按本書卷一二周本紀、舊五代史卷一一六周世宗紀三及本卷上文，時世宗親征，方克滁州，故王知朗赴滁州奉書。

〔一六〕而兵事皆決於陳覺　「而」字原闕，據宗文本補。

〔一七〕老鸛河　原作「老鵲河」，據輿地紀勝卷三九注引五代史、册府卷四五改。舊五代史卷一一八周世宗紀五作「鸛河」。

〔一八〕與景相嚴續素有隙　「景相」二字原闕，據宗文本補。按通鑑卷二九二：「（顯德二年二月）唐主以中書侍郎、知尚書省嚴續爲門下侍郎、同平章事。」卷二九四：「（顯德五年五月）門下侍郎、同平章事嚴續罷爲少傅。」是時嚴續爲李景相。

〔一九〕九月太子冀卒　本卷上文敍顯德五年事，通鑑卷二九四、馬令南唐書卷四皆繫其事於顯德六年九月。吴光耀纂誤續補卷六：「上止有『五年』，脱書『六年』。」

〔二〇〕惟樞密使唐鎬贊之　「樞密使」，通鑑卷二九四作「樞密副使」。

〔二一〕年四十六　「四十六」，原作「六十四」，據宗文本、舊五代史卷一三四李景傳、九國志卷四、馬令南唐書卷四改。

〔二二〕封弟從善韓王從益鄭王　續資治通鑑長編卷二敍其事云：「莒公從鎰爲鄧王。」吴蘭庭纂誤補卷四：「謹案徐鼎臣騎省集有太尉中書令鄭王從善詩，又有鄭王加元帥江寧尹制詞。又馬令南唐書作鄧王從益，紀、傳並同。後主又有送鄧王二十弟從益詩，則是從善鄭王而從益鄧王也。陸氏書亦作『鄧王』而『益』作『鎰』。」

〔三〕三年　原作「五年」，據宋丙本、宗文本、續資治通鑑長編卷三改。

〔四〕遣其子紹基納貢于金陵　「紹基」，續資治通鑑長編卷三、宋史卷四八三留從效傳作「紹錤」。按宋史卷四八三留從效傳：「從效無嗣，以兄從願之子紹錤、紹鎡爲子。」其子名皆從「金」。

〔五〕商賈多以十鐵錢易一銅錢出境　「十鐵錢」，原作「一鐵錢」，據宋丙本、宗文本、詳節卷九改。

〔六〕封長子仲遇清源公　「仲遇」，續資治通鑑長編卷五、宋史卷四七八南唐李氏傳作「仲寓」，隆平集卷一二、東都事略卷二三作「仲寓」。

〔七〕次子仲儀宣城公　「仲儀」，續資治通鑑長編卷五作「仲宣」，馬令南唐書卷五作「仲宣」，卷七有宣城公仲宣傳。

新五代史卷六十三

前蜀世家第三

王建 子衍

王建，字光圖，許州舞陽人也。爲人隆眉廣顙〔一〕，狀貌偉然。少無賴，以屠牛、盜驢、販私鹽爲事，里人謂之「賊王八」。後爲忠武軍卒，稍遷隊將。黄巢陷長安，僖宗在蜀，忠武軍將鹿晏弘以兵八千屬楊復光討賊，巢敗走，復光以其兵爲八都，都將千人，建與晏弘皆爲一都頭。復光死，晏弘率八都西迎僖宗于蜀，所過剽略，行至興元，逐節度使牛叢〔二〕，自稱留後。僖宗即以晏弘爲節度使，晏弘以建等八都頭皆領屬州刺史。已而晏弘擁衆東歸，陷陳許，建與晉暉、韓建、張造、李師泰等各率一都，西奔于蜀。僖宗得之大喜，號「隨駕五都」，以屬十軍觀軍容使田令孜，令孜以建等爲養子。僖宗還長安，使建與晉暉等將神策軍宿衞。

光啓元年，河中王重榮與令孜爭鹽池，重榮召晉兵犯京師，僖宗幸鳳翔。二年三月，移幸興元，以建爲清道使，使負玉璽以從〔三〕。行至當塗驛，李昌符焚棧道，棧道幾斷，建控僖宗馬，冒煙燄中過，宿坂下，僖宗枕建膝寢，既覺，涕泣，解御衣賜之。

僖宗已至興元，令孜以謂天子播越，由己致之，懼且得罪，西川節度使陳敬瑄，令孜同母弟也，令孜因求爲西川監軍，楊復恭代爲軍容使。復恭出建爲壁州刺史，建乃招集亡命及谿洞夷落，有衆八千，以攻閬州，執其刺史楊行遷，又攻利州，利州刺史王珙棄城走。敬瑄患之，以問令孜，令孜曰：「王八吾兒也，以一介召之，可置麾下。」乃使人招建。

東川顧彦朗與建有舊，建聞令孜召己，大喜，因至梓州，謂彦朗曰：「十軍阿父召我，我欲至成都見陳公，以求一鎮。」即以其家屬託彦朗，選精兵二千〔四〕，馳之成都。行至鹿頭關，敬瑄悔召建，使人止之。建大怒，擊破鹿頭關，取漢州。彦朗聞之，出兵助建，軍于學射。敬瑄遣將句惟立逆建，建擊敗之，遂攻彭州。敬瑄遣眉州刺史山行章將兵五萬屯新繁，建又擊敗之，虜獲萬餘人，横屍四十里。敬瑄發兵七萬益行章，與建相持濛陽、新都百餘日。昭宗遣左諫議大夫李洵爲兩川宣諭和協使，詔彦朗等罷兵。彦朗請以大臣鎮蜀，因爲建求旌節。文德元年六月，以宰相韋昭度爲西川節度使。分邛、蜀、黎、雅爲永平軍，拜建節度使。

敬瑄不受代，昭宗即命昭度將彦朗等兵討之。昭宗以建爲招討牙内都指揮使。久之，不克，建謂昭度曰：「公以數萬之衆，困兩川之人，而師久無功，奈何？且唐室多故，東方諸鎮，兵接都畿，公當歸相天子，靜中原以固根本，此蠻夷之國，不足以留公！」昭度遲疑未決，建遣軍士擒昭度親吏於軍門，臠而食之，建入白曰：「軍士飢，須此爲食爾！」昭度大恐，即留符節與建而東。昭度已去，建即以兵扼劍門，兩川由是阻絶。

山行章屯廣都，建擊敗之，行章走眉州，以州降建。建引兵攻成都，而資、簡、戎、茂、嘉、邛諸州皆殺刺史降建。

建攻成都甚急，田令孜登城呼建曰：「老夫與公相厚，何嫌而至此！」建曰：「軍容父子之恩，心何可忘。然兵討不受代者，天子命也。」令孜夜入建軍，以節度觀察牌印授建。明日，敬瑄開門迎建。建將入城，以張勍爲都虞候，戒其軍士曰：「吾以張勍爲虞候矣，汝等無犯其令，幸勍執而見我，我尚活汝；使其殺而後白，吾亦不能詰也。」建入城，軍士剽略，勍殺百人而止。後建遷敬瑄于雅州，使人殺之；復以令孜爲監軍，既而亦殺之。

大順二年十月，唐以建爲檢校司徒、成都尹、劍南西川節度副大使、知節度事、管内觀察處置雲南八國招撫等使。

東川顧彥朗卒，其弟彥暉立。唐遣宦者宗道弼賜彥暉東川旌節〔五〕，綿州刺史常厚執道弼以攻梓州，建遣李簡、王宗滌等討厚。自彥朗死，建欲圖并東川而未有以發，及李簡等討厚，戒曰：「兵已破厚，彥暉必出犒師，即與俱來，無煩吾再舉也。」簡等擊厚〔六〕，敗之鍾陽，厚走還綿州，以唐旌節還道弼而出之。彥暉已得節，辭疾不出犒軍。乾寧二年，建遣王宗滌攻之。十二月，宗滌敗彥暉於楸林，斬其將羅璋，遂圍梓州。三年五月，昭宗遣宦者袁易簡詔建罷兵，建收兵還成都。黔南節度使王肇以其地降于建。

四年，宗滌復攻東川，別遣王宗侃、宗阮等出峽，取渝、瀘州。五月，建自將攻東川，昭宗遣諫議大夫李洵、判官韋莊宣諭兩川，詔建罷兵。建不奉詔，乃責授建南州刺史，以鄭王爲鳳翔節度使，徙李茂貞代建爲西川節度使〔七〕。茂貞拒命，乃復建官爵。冬十月，建攻破梓州，彥暉自殺。彥暉將顧彥瑤顧城已危〔八〕，謂諸將吏曰：「事公當生死以之！」指其所佩賓鐵劍曰：「事急而有叛者，當齒此劍！」及城將破，彥瑤與彥暉召集將吏飲酒，遂與之俱死。建以王宗滌爲東川留後，唐即以宗滌爲節度使，於是并有兩川之地。

是時，鳳翔李茂貞兼據梁、洋、秦、隴，數以兵侵建。天復元年，梁太祖兵誅宦者，宦者韓全誨等劫天子幸鳳翔，梁兵圍之，茂貞閉城拒守經年，力窘，求與梁和。建間遣人聘茂貞，許以出兵爲援，勸其堅壁勿和。遣王宗滌將兵五萬，聲言迎駕，以攻興元，執其節度使李繼業〔九〕，而武定節度使拓拔思敬遂以其地降于建，於是并有山南西道。是時，荆南成汭死，襄州趙匡凝遣其弟匡明襲據之，建乘其間，攻下夔、施、忠、萬四州。三年八月，唐封建蜀王。四年，唐遷都洛陽，改元天祐，建與唐隔絶而不知，故仍稱天復。六年，又取歸州，於是并有三峽。

七年，梁滅唐，遣使者諭建，建拒而不納。建因馳檄四方，會兵討梁，四方知其非誠實，皆不應。

是歲正月，巨人見青城山。六月，鳳凰見萬歲縣，黄龍見嘉陽江，而諸州皆言甘露、白鹿、白雀、龜、龍之瑞。秋九月己亥，建乃即皇帝位。封其諸子爲王，以王宗佶爲中書令，韋莊爲左散騎常侍、判中書門下事，唐襲爲樞密使，鄭騫爲御史中丞，張格、王鍇皆爲翰林學士，周博雅爲成都尹。蜀恃險而富，當唐之末，士人多欲依建以避亂。建雖起盜賊，而爲人多智詐，善待士，故其僭號，所用皆唐名臣世族：莊，見素之孫；格，濬之子也。建謂左右曰：「吾爲神策軍將時，宿衛禁中，見天子夜召學士，出入無間，恩禮親厚如寮友，非將相可比也。」故建待格等恩禮尤異，其餘宋玭等百餘人，並見信用。

武成元年正月，祀天南郊，大赦，改元，以王宗佶爲太師。宗佶本姓甘氏，建爲忠武軍卒時掠得之，養以爲子，後以軍功累遷武信軍節度使。後建所生子元懿等稍長，宗佶以養子心不自安，與鄭騫等謀，求爲大司馬，總六軍，開元帥府，凡軍事便宜行而後聞。建以宗佶創業功多，優容之。唐襲本以舞僮見幸於建，宗佶尤易之，後爲樞密使，猶名呼襲，襲雖内恨，而外奉宗佶愈謹。建聞之，怒曰：「宗佶名呼我樞密使，是將反也。」宗佶求大司馬，章三上，建以問襲，襲因激怒建曰：「宗佶功臣，其威望可以服人心，陛下宜即與之。」建心益疑。宗佶入奏事，自請不已，建叱衞士撲殺之，并賜騫死。六月，以遂王宗懿爲皇太子。建加尊號英武睿聖皇帝。七月，騶虞見武定。

二年，頒永昌曆。廣都嘉禾合穗。

三年八月，有龍五十見洵陽水中。十月，麟見壁州。十二月，大赦，改明年爲永平元年。岐王李茂貞自爲梁所圍，而山南入于蜀，地狹勢孤，遂與建和，以其子娶建女，因求山南故地。建怒，不與，以王宗侃爲北路都統，宗佑、宗賀、唐襲爲三面招討使以攻岐。戰于青泥，宗侃敗績，退保西縣，爲茂貞兵所圍。建自將擊之，岐兵敗，解去，建至興元而還。加尊號曰英武睿聖光孝皇帝。

二年，又加號曰英武睿聖神功文德光孝皇帝。初，田令孜之爲監軍也，盜唐傳國璽入于蜀而埋之，二月，尚食使歐陽柔治令孜故第，穿地而得之，以獻。五月，梁遣光禄卿盧玭來聘，推建爲兄，其印文曰「大梁入蜀之印」。宰相張格曰：「唐故事，奉使四夷，其印文曰

『大唐入某國之印』，今梁已兄事陛下，奈何卑我如夷狄？」建怒，欲殺梁使者，格曰：「此梁有司之過爾，不可以絶兩國之懽。」已而梁太祖崩，建遣將作監李紘弔之，遂刻其印文曰「大蜀入梁之印」。劍州木連理。六月，麟見文州。十二月，黄龍見富義江。

三年正月，麟見永泰。五月，騶虞見壁山，有二鹿隨之。秋七月，皇太子元膺殺太子少保唐襲。元膺，建次子也，初名宗懿，後更名宗坦〔一〇〕，建得銅牌子于什仿，有文二十餘字，建以爲符讖，因取之以名諸子，故又更曰元膺。元膺爲人猳喙齵齒〔一一〕，多材藝，能射錢中孔，嘗自抱畫毬擲馬上，馳而射之，無不中。年十七，爲皇太子，判六軍，創天武神機營，開永和府，置官屬。建以元膺年少任重，以記事戒之，令「一切學朕所爲，則可以保國」。又命道士廣成先生杜光庭爲之師。唐襲，建之嬖也，元膺易之，屢謔于朝，建懼其交惡，乃罷襲樞密使，出爲興元節度使。已而襲罷歸，元膺廷疏其過失，建益不悦。是月七夕，元膺召諸王大臣置酒，而集王宗翰、樞密使潘峭、翰林學士毛文錫不至，元膺怒曰：「集王不來，峭與文錫教之耳！」明日，元膺白建峭及文錫離間語〔一二〕。建怒，將罪之。元膺出而襲入，建以問之，襲曰：「太子謀作亂，欲召諸將、諸王以兵錮之，然後舉事爾！」建疑之，襲請召營兵入衛〔一三〕。元膺初不爲備，聞襲召兵，以爲誅己，乃與伶人安悉香、軍將喻全殊率天武兵自衛，遣人擒峭及文錫而笞之，幽於其家；召大將徐瑤、常謙率兵出拒襲，與襲戰神武門，襲中流矢，墜馬死。建遣王宗賀以兵討之，元膺兵敗，皆潰去。元膺匿躍龍池檻中〔一四〕，明日，出而丐食，蜀人識之，以告，建遣宗翰招諭之，宗翰未至，爲衞兵所殺。建乃立其幼子鄭王宗衍爲太子。白龍見邛州江。

四年，荆南高季昌侵蜀巫山，遣嘉王宗壽敗之于瞿唐。八月，殺黔南節度使王宗訓。冬，南蠻攻掠界上，建遣夔王宗範擊敗之于大渡河〔一五〕。麟見昌州。

五年，起壽昌殿於龍興宮，畫建像於壁；又起扶天閣，畫諸功臣像。十一月，大火，焚其宮室。遣王宗儔等攻岐，取其秦、鳳、階、成四州，至大散關。梁叛將劉知俊在岐，於是特以其族來。

通正元年，遣王宗綰等率兵十二萬出大散關攻岐，取隴州。八月，起文思殿，以清資五品正員官購羣書以實之，以内樞密使毛文錫爲文思殿大學士。黄龍見大昌池。十月，大赦，改元。十二月，又改明年元曰天漢〔一六〕，國號漢。

天漢元年，殺劉知俊。十二月，大赦，改明年元曰光天，復國號蜀。

光天元年六月，建卒，年七十二。建晚年多内寵，賢妃徐氏與妹淑妃皆以色進，專房用事，交結宦者唐文扆等干與外政。建年老昏耄，文扆判六軍，事無大小，皆決文扆。及建疾，以兵入宿衞，謀盡去建故將。故將大臣聞建疾〔一七〕，皆不得入見，久之，宗弼等排闥入，言文扆欲爲變，乃殺之。建因以老將大臣多許昌故人，必不爲太子用，思擇人未得而疾亟，乃以宦者宋光嗣爲樞密使判六軍而建卒。太子立，去「宗」名「衍」。

衍，字化源。建十一子：曰衞王宗仁，簡王元膺，趙王宗紀，豳王宗輅，韓王宗智，莒王宗特，信王宗傑，魯王宗鼎，興王宗澤，薛王宗平。而鄭王宗衍最幼，其母徐賢妃也，以母寵得立爲皇太子，開崇賢府，置官屬，後更曰天策府。衍爲人方頤大口，垂手過膝，顧目見耳，頗知學問，能爲浮豔之辭。元膺死，建以豳王宗輅貌類己，而信王宗傑於諸子最材賢，欲於兩人擇立之。而徐妃專寵，建老昏耄，妃與宦者唐文扆教相者上言衍相最貴，又諷宰相張格贊成之，衍由是得爲太子。

建卒，衍立，謚建曰神武聖文孝德明惠皇帝，廟號高祖，陵曰永陵。建正室周氏號昭聖皇后，後建數日而卒，衍因尊其母徐氏爲皇太后，后妹淑妃爲皇太妃。太后、太妃以教令賣官，自刺史以下，每一官闕，必數人並爭，而入錢多者得之；通都大邑起邸店，以奪民利。

衍年少荒淫，委其政於宦者宋光嗣、光葆、景潤澄、王承休、歐陽晃、田魯儔等，以韓昭、潘在迎、顧在珣、嚴旭等爲狎客。起宣華苑，苑有重光、太清、延昌、會真之殿〔一八〕，清和、迎仙之宮，降真、蓬萊、丹霞之亭，飛鸞之閣，瑞獸之門。又作怡神亭〔一九〕，與諸狎客、婦人日夜酣飲其中。嘗以九日宴宣華苑，嘉王宗壽以社稷爲言，言發泣涕。韓昭等曰：「嘉王酒悲爾！」諸狎客共以慢言謔嘲之，坐上諠然。衍不能省也。

蜀人富而喜遨，當王氏晚年，俗競爲小帽，僅覆其頂，俛首即墮，謂之「危腦帽」。衍以爲不祥，禁之。而衍好戴大帽，每微服出遊民間，民間以大帽識之，因令國中皆戴大帽。又好裹尖巾，其狀如錐。而後宮皆戴金蓮花冠，衣道士服，酒酣免冠，其髻髽然，更施朱粉，號「醉粧」，國中之人皆效之。嘗與太后、太妃游青城山，宮人衣服，皆畫雲霞，飄然望之若仙。衍自作甘州曲，述其仙狀，上下山谷，衍常自歌，而使宮人皆和之。衍立之明年，改元乾德。

乾德元年正月，祀天南郊，大赦，加尊號爲聖德明孝皇帝。

二年冬，北巡，至于西縣，旌旗戈甲，連亘百餘里。其還也，自閬州浮江而上，龍舟畫舸，照耀江水，所在供億，人不堪命。

三年正月，還成都。

五年，起上清宮，塑王子晉像，尊以爲聖祖至道玉宸皇帝，又塑建及衍像，侍立於其左右；又於正殿塑玄元皇帝及唐諸帝，備法駕而朝之。

六年，以王承休爲天雄軍節度使〔一〇〕。天雄軍，秦州也。承休以宦者得幸，爲宣徽使，承休妻嚴氏，有絕色，衍通之。是時，唐莊宗滅梁，蜀人皆懼。莊宗遣李嚴聘蜀，衍與俱朝上清，而蜀都士庶，簾帷珠翠，夾道不絕。嚴見其人物富盛，而衍驕淫，歸乃獻策伐蜀。明年，唐魏王繼岌、郭崇韜伐蜀。是歲，衍改元曰咸康。衍自立，歲常獵于子來山。是歲，又幸彭州陽平化、漢州三學山。以王承休妻嚴氏故，十月，幸秦州，羣臣切諫，衍不聽。行至梓潼，大風發屋拔木，太史曰：「此貪狼風也，當有敗軍殺將者。」衍不省〔一一〕。衍至緜谷而唐師入其境，衍懼，遽還。唐師所至，州縣皆迎降。衍留王宗弼守緜谷，遣王宗勳、宗儼、宗昱率兵以拒唐師。宗勳等至三泉，望風退走。衍詔宗弼誅宗勳等，宗弼反與宗勳等合謀，送款於唐師。衍自緜谷還成都，百官及後宮迎謁七里亭，衍雜宮人作回鶻隊以入。明日，御文明殿，與其羣臣相對涕泣。而宗弼亦自緜谷馳歸，登太玄門，收成都尹韓昭、宦者宋光嗣景潤澄歐陽晃等殺之，函首送于繼岌。衍即上表乞降，宗弼遷衍于天啓宮。魏王繼岌至成都，衍君臣面縛輿櫬，出降于七里亭。

莊宗召衍入洛，賜衍詔曰：「固當列土而封，必不薄人于險，三辰在上，一言不欺！」衍捧詔，忻然就道，率其宗族及僞宰相王鍇張格庾傳素許寂、翰林學士李昊等〔一二〕，及諸將佐家族數千人以東。同光四年四月，行至秦川驛，莊宗用伶人景進計，遣宦者向延嗣誅其族。衍母徐氏臨刑呼曰：「吾兒以一國迎降，反以爲戮，信義俱棄，吾知其禍不旋踵矣！」衍妾劉氏，鬒髮如雲而有色，行刑者將免之，劉氏曰：「家國喪亡，義不受辱！」遂就死。

宗弼，本姓魏，名弘夫，建録爲養子。建攻顧彦暉，宗弼常以建語泄之彦暉者，彦暉敗，建待之如初。建病且卒，宗弼守太師兼中書令、判六軍，輔政。衍已降，宗弼以蜀珍寶奉魏王及郭崇韜，求爲西川節度使，魏王曰：「此我家物也，何用獻爲？」居數日，爲崇韜所殺。

宗壽，許州民家子也。建以同姓，録之爲子。宗壽好學，工琴奕，爲人恬退，喜道家之術，事建時爲鎮江軍節度使。衍既立，宗壽爲太子太保奉朝請，以鍊丹養氣自娱。衍爲淫亂，獨宗壽常切諫之。後爲武信軍節度使。

唐師伐蜀，所在迎降，魏王嘗以書招之，獨宗壽不降。聞衍已銜璧，大慟，從衍東遷，至岐陽，以賂賂守者，得入見衍，衍泣下霑襟，曰：「早從王言，豈有今日！」衍死，宗壽走澠池，聞莊宗遇弑，亡入熊耳山。天成二年，出詣京師，上書求衍宗族葬之。明宗嘉其忠，以爲保義軍行軍司馬，封衍順正公，許以諸侯禮葬之。宗壽得王氏十八喪，葬之長安南三趙村。

嗚呼，自秦漢以來，學者多言祥瑞，雖有善辨之士，不能祛其惑也！予讀蜀書，至於龜、龍、麟、鳳、騶虞之類世所謂王者之嘉瑞，莫不畢出於其國，異哉！然考王氏之所以興亡成敗者，可以知之矣。或以爲一王氏不足以當之，則視時天下治亂，可以知之矣。

龍之爲物也，以不見爲神，以升雲行天爲得志。今僵然暴露其形，是不神也；不上于天而下見於水中，是失職也。然其一何多歟，可以爲妖矣！鳳凰，鳥之遠人者也。昔舜治天下，政成而民悅，命夔作樂，樂聲和，鳥獸聞之皆鼓舞。當是之時，鳳凰適至，舜之史因并記以爲美，後世因以鳳來爲有道之應。其後鳳凰數至，或出於庸君繆政之時，或出於危亡大亂之際，是果爲瑞哉？麟，獸之遠人者也。昔魯哀公出獵，得之而不識，蓋索而獲之，非其自出也。故孔子書於春秋曰「西狩獲麟」者，譏之也。「西狩」，非其遠也；「獲麟」，惡其盡取也。狩必書地，而哀公馳騁所涉地多，不可徧以名舉，故書「西」以包衆地，謂其舉國之西皆至也。麟，人罕識之獸也，以見公之窮山竭澤而盡取，至於不識之獸，皆搜索而獲之，故曰「譏之也」。聖人已没，而異端之説興，乃以麟爲王者之瑞，而附以符命、讖緯詭怪之言。鳳嘗出於舜，以爲瑞，猶有説也，及其後出於亂世，則可以知其非瑞矣。

若麟者，前有治世如堯、舜、禹、湯、文、武、周公之世〔一三〕，未嘗一出，其一出而當亂世，然則孰知其爲瑞哉？龜，玄物也，污泥川澤，不可勝數，其死而貴於卜官者，用適有宜爾。而戴氏禮以其在宮沼爲王者難致之瑞，戴禮雜出於諸家，其失亦以多矣。騶虞，吾不知其何物也。詩曰：「吁嗟乎騶虞！」賈誼以謂騶者，文王之囿；虞，虞官也。當誼之時，其説如此，然則以之爲獸者，其出於近世之説乎？

夫破人之惑者，難與爭於篤信之時，待其有所疑焉，然後從而攻之可也。麟、鳳、龜、龍，王者之瑞，而出於五代之際，又皆萃于蜀，此雖好爲祥瑞之説者亦可疑也。因其可疑者而攻之，庶幾惑者有以思焉。【一】

【一】據前蜀書、運曆圖、九國志皆云建以唐大順二年入成都爲西川節度使，天復七年九月建號〔一四〕，明年正月改元武成，今以爲定。惟舊五代史云龍紀元年入成都，天祐五年建號改元者，繆也。至後唐同光三年蜀滅，則諸書皆同。自大順二年至同光三年，凡三十五年。

校勘記

〔一〕爲人隆眉廣顙　「爲人」二字原闕，據宗文本補。

〔二〕牛叢　舊五代史卷一三六王建傳、册府卷二二三同，新唐書卷九僖宗紀、册府卷一七八、通鑑卷二二五五作「牛勗」。

〔三〕使負玉璽以從　「使」字原闕，據宗文本補。

〔四〕選精兵二千　「二千」，通鑑卷二五七同，舊五代史卷一三六王建傳、册府卷二二三作「三千」。

〔五〕宗道弼　通鑑卷二五八作「宋道弼」。按舊唐書、新唐書、通鑑、册府數見宋道弼，嘗爲神策右軍中尉。唐重修内侍省碑（拓片刊考古與文物一九八三年第四期）記「内樞密使廣平宋公道弼」。

〔六〕簡等擊厚　「厚」字原闕，據宗文本補。

〔七〕徙李茂貞代建爲西川節度使　「徙」字原闕，據宗文本補。

〔八〕顧彦瑶　通鑑卷二六一作「顧瑶」。按錢大昕考異卷六六：「案唐書顧彦暉傳，瑶爲彦暉養子，且單名瑶，無『彦』字。」本卷下一處同。

〔九〕李繼業　通鑑卷二六三作「李繼密」。

〔一〇〕後更名宗坦　通鑑卷二六七敍其事云：「蜀主更太子宗懿名曰元坦。」

〔一一〕元膺爲人猳喙齵齒　「齵齒」，通鑑卷二六八作「齙齒」。

〔一二〕元膺白建峭及文錫離間語　「離間語」，宋丙本作「離諸王」，宗文本作「離間諸王」。

〔一三〕襲請召營兵入衛　「營兵」，宗文本作「屯營軍」。通鑑卷二六八敍其事作「屯營兵」。

〔一四〕元膺匿躍龍池檻中　「躍龍池」，通鑑卷二六八作「龍躍池」。按蜀檮杌卷上：「摩訶池爲龍躍池。」

〔一五〕建遣夔王宗範擊敗之于大渡河　「大渡河」，原作「大河渡」，據宗文本改。通鑑卷二六九敍其事亦作「大渡河」。

〔一六〕十月大赦改元十二月又改明年元曰天漢　「改元十二月又」六字原闕，據宗文本補。按舊五代史卷一三六王建傳：「（永平五年）改元通正，是年冬，改元天漢。」

〔一七〕故將大臣聞建疾　「大臣」二字原闕，據宗文本補。

〔一八〕苑有重光太清延昌會真之殿　「苑」字原闕，據宗文本補。

〔一九〕又作怡神亭　「怡神亭」，原作「悦神亭」，據宋丙本、宗文本、舊五代史卷一三六王衍傳改。

〔二〇〕以王承休爲天雄軍節度使　「軍」字原闕，據宗文本、困學紀聞卷一五引五代史補。

〔二一〕衍不省　以上三字原闕，據宗文本補。

〔二二〕李昊　原作「李旻」，據南監本改。按通鑑卷二七四：「蜀主命翰林學士李昊草降表。」本書卷六四後蜀世家、蜀檮杌卷下記李昊事。柴德賡識語：「百衲本作『李旻』，誤。昊被稱爲世草降表李家者也。」

〔二三〕前有治世如堯舜禹湯文武周公之世　「舜」字原闕，據宗文本補。

〔二四〕天復七年九月建號　「天復」，原作「天祐」，據宗文本改。按本卷上文：「改元天祐，建與唐隔絶而不知，故仍稱天復。」

新五代史卷六十四

後蜀世家第四

孟知祥 子昶

孟知祥，字保胤，邢州龍岡人也。其叔父遷，當唐之末，據邢、洺、磁三州，爲晉所虜。晉王以遷守澤潞，梁兵攻晉，遷以澤潞降梁。知祥父道，獨留事晉而不顯。及知祥壯，晉王以其弟克讓女妻之，以爲左教練使。莊宗爲晉王，以知祥爲中門使。前此爲中門使者多以罪誅〔一〕，知祥懼，求佗職，莊宗命知祥薦可代己者，知祥因薦郭崇韜自代，崇韜德之，知祥遷馬步軍都虞候。莊宗建號，以太原爲北京，以知祥爲太原尹、北京留守〔二〕。

魏王繼岌伐蜀，郭崇韜爲招討使，崇韜臨訣，白曰：「即臣等平蜀，陛下擇帥以守西川，無如孟知祥者。」已而唐兵破蜀，莊宗遂以知祥爲成都尹、劍南西川節度副大使。知祥馳至京師，莊宗戒有司盛供帳，多出内府珍奇諸物以宴勞之。酒酣，語及平昔，以爲笑樂，歎曰：「繼岌前日乳臭兒爾，乃能爲吾平定兩川，吾徒老矣，孺子可喜，然益令人悲爾！吾憶先帝棄世時，疆土侵削，僅保一隅，豈知今日奄有天下，九州四海，珍奇異産，充牣吾府！」因指以示知祥曰：「吾聞蜀土之富，無異於此，以卿親賢，故以相付。」

同光四年正月戊辰，知祥至成都，而崇韜已死。魏王繼岌引軍東歸，先鋒康延孝反，攻破漢州。知祥遣大將李仁罕會任圜、董璋等兵擊破延孝，知祥得其將李肇、侯弘實及其兵數千以歸。而莊宗崩，魏王繼岌死，明宗入立。知祥乃訓練兵甲，陰有王蜀之志。益置義勝、定遠、驍鋭、義寧、飛棹等軍七萬餘人，命李仁罕、趙廷隱、張業等分將之。

初，魏王之班師也，知祥率成都富人及王氏故臣家，得錢六百萬緡以犒軍，其餘者猶二百萬。任圜自蜀入爲相，兼判三司，素知蜀所餘錢。是冬，知祥加拜侍中〔三〕，乃以太僕卿趙季良賫官告賜之，因以爲三川制置使，督蜀犒軍餘錢送京師，且制置兩川征賦，知祥怒，不奉詔。然知祥與季良有舊，遂留之。

樞密使安重誨頗疑知祥有異志，思有以制之。初，知祥鎮蜀，莊宗以宦者焦彦賓爲監軍，明宗入立，悉誅宦者，罷諸道監軍。彦賓已罷，重誨復以客省使李嚴爲監軍。嚴前使蜀，既歸而獻策伐蜀，蜀人皆惡之，而知祥亦怒曰：「焦彦賓以例罷，而諸道皆廢監軍，獨吾軍置之，是嚴欲以蜀再爲功也。」掌書記毋昭裔及諸將吏皆請止嚴而無內，知祥曰：「吾將有以待其來！」嚴至境上，遣人持書候知祥，知祥盛兵見之，冀嚴懼而不來，嚴聞之自若。天成二年正月，嚴至成都，知祥置酒召嚴。是時，焦彥賓雖罷，猶在蜀，嚴於懷中出詔示知祥以誅彥賓，知祥不聽，因責嚴曰：「今諸方鎮已罷監軍，公何得來此？」目客將王彥銖執嚴下，斬之。明宗不能詰。

初，知祥鎮蜀，遣人迎其家屬于太原，行至鳳翔，鳳翔節度使李從曮聞知祥殺李嚴，以爲知祥反矣，遂留之。明宗既不能詰，而猶欲以恩信懷之〔四〕，乃遣客省使李仁矩慰諭知祥，并送瓊華公主及其子昶等歸之。

知祥因請趙季良爲節度副使，事無大小，皆與參決。三年，唐徙季良爲果州團練使，以何瓚爲節度副使。知祥得制書匿之，表留季良，不許。乃遣其將雷廷魯至京師論請，明宗不得已而從之。是時，瓚行至緜谷，懼不敢進，知祥乃奏瓚爲行軍司馬。

是歲，唐師伐荆南，詔知祥以兵下峽，知祥遣毛重威率兵三千戍夔州。已而荆南高季興死，其子從誨請命，知祥請罷戍兵，不許。知祥諷重威以兵鼓譟，潰而歸，唐以詔書劾重威，知祥奏請無劾，由是唐大臣益以知祥爲必反。

四年，明宗將有事于南郊，遣李仁矩責知祥助禮錢一百萬緡，知祥覺唐謀欲困己，辭不肯出。久之，請獻五十萬而已。初，魏王繼岌東歸，留精兵五千戍蜀。自安重誨疑知祥有異志，聽言事者，用己所親信分守兩川管内諸州，每除守將，則以精兵爲其牙隊，多者二三千，少者不下五百人，以備緩急。是歲，以夏魯奇爲武信軍節度使；分東川之閬州爲保寧軍，以李仁矩爲節度使；又以武虔裕爲緜州刺史。仁矩與東川董璋有隙，而虔裕，重誨表兄，由是璋與知祥皆懼，以謂唐將致討。自璋鎮東川，未嘗與知祥通問，於是璋始遣人求婚以自結。而知祥心恨璋，欲不許，以問趙季良，季良以爲宜合從以拒唐，知祥乃許。於是連表請罷還唐所遣節度使、刺史等。明宗優詔慰諭之。

長興元年二月，明宗有事于南郊，加拜知祥中書令。初，知祥與璋俱有異志，而安重誨信言事者〔五〕，以璋盡忠於國，獨知祥可疑，重誨猶欲倚璋以圖知祥。是歲九月，董璋先反，攻破閬州，擒李仁矩殺之。是月應聖節，知祥開宴，東北望再拜，俯伏嗚咽，泣下沾襟，士卒皆爲之歔欷。明日，遂舉兵反。

是秋，明宗改封瓊華公主爲福慶長公主〔六〕，有司言前世公主受封，皆未出降，無遣使就藩册命之儀。詔有司草具新儀，乃遣祕書監劉岳爲册使。岳行至鳳翔，聞知祥反，乃旋。明宗下詔削奪知祥官爵，命天雄軍節度使石敬瑭爲都招討使、夏魯奇爲副。知祥遣李仁罕、張業、趙廷隱將兵三萬人會璋攻遂州，別遣侯弘實將四千人助璋守東川，又遣張武下峽取渝州。唐師攻劍門，殺璋守兵三千人，遂入劍門。璋來告急，知祥大駭，遣廷隱分兵萬人以東，已而聞唐軍止劍州不進，喜曰：「使唐軍急趨東川，則遂州解圍，吾勢沮而兩川揺矣。今其不進，吾知易與爾。」十二月，敬瑭及廷隱戰于劍門，唐師大敗。張武已取渝州，武病卒，其副將袁彦超代將其軍，又取黔州。二年正月，李仁罕克遂州，夏魯奇死之，知祥以仁罕爲武信軍留後，遣人馳魯奇首示敬瑭軍，敬瑭乃班師。利州李彦珂聞唐軍敗〔七〕，東歸，乃棄城走。知祥以趙廷隱爲昭武軍留後。李仁罕進攻夔州，刺史安崇阮棄城走，以趙季良爲留後。

是時，唐軍涉險，以餉道爲艱，自潼關以西，民苦轉饋，每費一石不能致一斗，道路嗟怨，而敬瑭軍既旋〔八〕，所在守將又皆棄城走。明宗憂之，以責安重誨。重誨懼，遽自請行。而重誨亦以被讒得罪死。明宗謂致知祥等反由重誨失策，及重誨死，乃遣西川進奏官蘇愿、進奉軍將杜紹本西歸招諭知祥，具言知祥家屬在京師者皆無恙。

知祥聞重誨誅死，而唐厚待其家屬，乃邀璋欲同謝罪，璋曰：「孟公家屬皆存，而我子孫獨見殺，我何謝爲！」知祥三遣使往見璋，璋不聽，乃遣觀察判官李昊説璋，璋益疑知祥賣己，因發怒，以語侵昊。昊乃勸知祥攻之。而璋先襲破知祥漢州，知祥遣趙廷隱率兵三萬，自將擊之，陣鷄距橋〔九〕。知祥得璋降卒，衣以錦袍，使持書招降璋，璋曰：「事已及此，不可悔也！」璋軍士皆譟曰：「徒曝我於日中，何不速戰？」璋即麾軍以戰。兵始交，璋偏將張守進來降，知祥乘之，璋遂大敗，走。過金鴈橋，麾其子光嗣使降，以保家族，光嗣哭曰：「自古豈有殺父以求生者乎？寧俱就死！」因與璋俱走。知祥遣趙廷隱追之，不及，璋走至梓州見殺，光嗣自縊死，知祥遂并有東川。然自璋死，知祥卒不遣使謝唐。

唐樞密使范延光曰：「知祥雖已破璋，必借朝廷之勢，以爲兩川之重，自非屈意招之，彼亦不能自歸也。」明宗曰：「知祥，吾故人也，本因間諜，致此危疑，撫吾故人，何屈意之有？」先是，克寧妻孟氏，知祥妹也。莊宗已殺克寧，孟氏歸于知祥，其子瓌，留事唐爲供奉官。明宗即遣瓌歸省其母，因賜知祥詔書招慰之。知祥兼據兩川，以趙季良爲武泰軍留後、李仁罕武信軍留後、趙廷隱保寧軍留後、張業寧江軍留後〔一〇〕、李肇昭武軍留後。季良等因請知祥稱王，以墨制行事，議未決而瓌至蜀。知祥見瓌倨慢。九月，瓌自蜀還，得知祥表，請除趙季良等爲五鎮節度，其餘刺史已下，得自除授。又請封蜀王，且言福慶公主已卒。明宗爲之發哀，遣閤門使劉政恩爲宣諭使。政恩復命，知祥始遣其將朱滉來朝〔一一〕。

四年二月癸亥，制以知祥檢校太尉兼中書令、行成都尹、劍南東西兩川節度、管內觀察處置統押近界諸蠻兼西山八國雲南安撫制置等使。遣工部尚書盧文紀册封知祥爲蜀王，而趙季良等五人皆拜節度使。唐兵先在蜀者數萬人，知祥皆厚給其衣食，因請送其家屬，明宗詔諭不許。十一月，明宗崩。明年閏正月〔一二〕，知祥乃即皇帝位，國號蜀。以趙季良爲司空、同中書門下平章事，中門使王處回爲樞密使，李昊爲翰林學士。

三月，唐潞王舉兵於鳳翔，愍帝遣王思同等討之，思同兵潰，山南西道節度使張虔釗、武定軍節度使孫漢韶皆以其地附于蜀。四月，知祥改元曰明德。六月，虔釗等至成都，知祥宴勞之，虔釗奉觴起爲壽，知祥手緩不能舉觴，遂病，以其子昶爲皇太子監國。知祥卒，謚爲文武聖德英烈明孝皇帝，廟號高祖，陵曰和陵。

昶，知祥第三子也。知祥爲兩川節度使〔一三〕，昶爲行軍司馬〔一四〕。知祥僭號，以昶爲東川節度使、同中書門下平章事。知祥病，昶監國。知祥已卒而祕未發喪〔一五〕，王處回夜過趙季良，相對泣涕不已，季良正色曰：「今彊侯握兵，專伺時變，當速立嗣君以絶非望，泣無益也。」處回遂與季良立昶，而後發喪。昶立，不改元，仍稱明德，至五年始改元曰廣政。

明德三年三月，熒惑犯積尸，昶以謂積尸，蜀分也，懼，欲禳之，以問司天少監胡韞。韞曰：「按十二次，起井五度至柳八度，爲鶉首之次，鶉首，秦分也，蜀雖屬秦，乃極南之表爾。前世火入鬼，其應在秦〔一六〕。晉咸和九年三月，火犯積尸，四月，雍州刺史郭權見殺。義熙十四年〔一七〕，火犯鬼，明年，雍州刺史朱齡石見殺。而蜀皆無事。」昶乃止〔一八〕。

昶好打毬走馬，又爲方士房中之術，多採良家子以充後宮。樞密副使韓保貞切諫，昶大悟，即日出之，賜保貞金數斤。有上書者，言臺省官當擇清流，昶歎曰：「何不言擇其人而任之？」左右請以其言詰上書者，昶曰：「吾見唐太宗初即位，獄吏孫伏伽上書言事，皆見嘉納，奈何勸我拒諫耶！」

然昶年少不親政事，而將相大臣皆知祥故人，知祥寬厚，多優縱之，及其事昶，益驕蹇，多踰法度，務廣第宅，奪人良田，發其墳墓，而李仁罕、張業尤甚。昶即位數月，執仁罕殺之，并族其家。是時，李肇自鎮來朝，杖而入見，稱疾不拜，及聞仁罕死，遽釋杖而拜。

廣政九年，趙季良卒，張業益用事。業，仁罕甥也。仁罕被誅時，業方掌禁兵，昶懼其反仄〔一九〕，乃用以爲相，業兼判度支，置獄于家，務以酷法厚斂蜀人，蜀人大怨。十一年，昶與匡聖指揮使安思謙謀，執而殺之。王處回、趙廷隱相次致仕，由是故將舊臣殆盡。昶始親政事，於朝堂置匭以通下情。

是時，契丹滅晉，漢高祖起於太原，中國多故，雄武軍節度使何建以秦、成、階三州附于蜀，昶因遣孫漢韶攻下鳳州，於是悉有王衍故地。漢將趙思綰據永興、王景崇據鳳翔反，皆送款于昶。昶遣張虔釗出大散關，何建出隴右，李廷珪出子午谷，以應思綰。昶相毋昭裔切諫以爲不可，然昶志欲窺關中甚鋭，乃遣安思謙益兵以東。已而漢誅思綰、景崇，虔釗等皆罷歸，而思謙恥於無功，多殺士卒以威衆。昶與翰林使王藻謀殺思謙，而邊吏有急奏，藻不以時聞，輒啓其封，昶怒之。其殺思謙也，藻方侍側，因并擒藻斬之。

十二年，置吏部三銓、禮部貢舉。

十三年，昶加號睿文英武仁聖明孝皇帝。封子玄喆秦王、判六軍事，次子玄珏褒王，弟仁毅夔王、仁贄雅王、仁裕嘉王〔二〇〕。

十八年，周世宗伐蜀，攻自秦州。昶以韓繼勳爲雄武軍節度，聞周師來伐，歎曰：「繼勳豈足以當周兵邪！」客省使趙季札請行，乃以季札爲秦州監軍使。季札行至德陽，聞周兵至，遽馳還奏事。昶問之〔二一〕，季札惶懼不能道一言，昶怒殺之，乃遣高彦儔、李廷珪出堂倉以拒周師。彦儔大敗，走青泥，於是秦、成、階、鳳復入于周。昶懼，分遣使者聘於南唐、東漢，以張形勢。

二十年，世宗以所得蜀俘歸之，昶亦歸所獲周將胡立于京師，因寓書于世宗，世宗怒昶無臣禮，不答。

二十一年，周兵伐南唐，取淮南十四州，諸國皆懼。荆南高保融以書招昶使歸周，昶以前嘗致書世宗不答，乃止。昶幼子玄寶，生七歲而卒〔二二〕，太常言無服之殤無贈典〔二三〕。昶問李昊，昊曰：「昔唐德宗皇子評，生四歲而卒，贈揚州大都督，封肅王，此故事也。」昶乃贈玄寶青州大都督，追封遂王。

二十五年，立秦王玄喆爲皇太子。昶幸晉、漢之際，中國多故，而據險一方，君臣務爲奢侈以自娛，至於溺器，皆以七寶裝之。宋興，已下荆、潭，昶益懼，遣大程官孫遇以蠟丸書間行東漢，約出兵以撓中國，遇爲邊吏所得。太祖皇帝遂詔伐蜀，遣王全斌、崔彥進等出鳳州，劉光乂、曹彬等出歸州；詔八作司度右掖門南，臨汴水爲昶治第一區，凡五百餘間，供帳什物皆具，以待昶。

昶遣王昭遠、趙彥韜等拒命。昭遠，成都人也，年十三，事東郭禪師智諲爲童子。知祥嘗飯僧於府，昭遠執巾履從智諲以入，知祥見之，愛其惠黠。時昶方就學，即命昭遠給事左右，而見親狎。昶立，以爲捲簾使。樞密使王處回致仕，昶以樞密使權重難制，乃以昭遠爲通奏使、知樞密使事，然事無大小，一以委之，府庫金帛恣其所取不問。昶母李太后常爲昶言昭遠不可用，昶不聽。昭遠好讀兵書，以方略自許。兵始發成都，昶遣李昊等餞之，昭遠手執鐵如意，指揮軍事〔二四〕，自比諸葛亮，酒酣，謂昊曰：「吾之是行，何止克敵，當領此二三萬雕面惡少兒，取中原如反掌爾！」昶又遣子玄喆率精兵數萬守劍門。玄喆輦其愛姬，攜樂器、伶人數十以從，蜀人見者皆竊笑。全斌至三泉，遇昭遠，擊敗之。昭遠焚吉柏江浮橋，退守劍門。軍頭向韜得蜀降卒，言來蘇小路，出劍門南清彊店，與大路合。全斌遣偏將史延德分兵出來蘇，北擊劍門，與全斌夾攻之，昭遠、彥韜敗走，皆見擒。玄喆聞昭遠等敗，亦逃歸。

劉光乂攻夔州，夔州守將高彥儔戰敗[一五]，閉牙城拒守，判官羅濟勸其走，彥儔曰：「吾昔不能守秦川，今又奔北，雖人主不殺我，我何面目見蜀人乎！」又勸其降，彥儔不許，乃自焚死。而蜀兵所在奔潰，將帥多被擒獲。昶問計於左右，老將石頵以謂東兵遠來[一六]，勢不能久，宜聚兵堅守以敝之。昶歎曰：「吾與先君以溫衣美食養士四十年，一旦臨敵，不能爲吾東向放一箭，雖欲堅壁，誰與吾守者邪！」乃命李昊草表以降，時乾德三年正月也。自興師至昶降，凡六十六日。初，昊事王衍爲翰林學士，衍之亡也，昊爲草降表，至是又草焉，蜀人夜表其門曰「世脩降表李家」，當時傳以爲笑。

昶至京師，拜檢校太師兼中書令，封秦國公，七日而卒，追封楚王。其母李氏，爲人明辯，甚見優禮，詔書呼爲「國母」，嘗召見勞之曰：「母善自愛，無戚戚思蜀，佗日當送母歸。」李氏曰：「妾家本太原，儻得歸老故鄉，不勝大願。」是時，劉鈞尚在，太祖大喜曰：「俟平劉鈞，當如母願。」昶之卒也，李氏不哭，以酒酹地祝曰：「汝不能死社稷，苟生以取

羞。吾所以忍死者，以汝在也。吾今何用生爲！」因不食而卒。其餘事具國史。【一】

【一】知祥興滅年數甚明，諸書皆同，蓋自同光三年乙酉入蜀，至皇朝乾德三年乙丑國滅，凡四十一年。惟舊五代史云同光三年丙戌至乾德三年乙丑，四十年者，繆也。

校勘記

〔一〕前此爲中門使者多以罪誅　「此」下原有「人」字，據宗文本删。

〔二〕北京留守　舊五代史卷三二唐莊宗紀六、卷三三唐莊宗紀七作「北京副留守」。

〔三〕知祥加拜侍中　「加」字原闕，據宗文本補。通鑑卷二七五敍其事作「加西川節度使孟知祥兼侍中」。

〔四〕而猶欲以恩信懷之　「猶」字原闕，據宗文本補。

〔五〕安重誨　「安」字原闕，據宗文本補。

〔六〕明宗改封瓊華公主爲福慶長公主　「瓊華公主」，通鑑卷二七七胡注引歐史、舊五代史卷三九唐明宗紀五、福慶長公主墓誌（拓片刊成都出土歷代墓銘券文圖録綜釋）作「瓊華長公主」。

〔七〕李彦珂　通鑑卷二七七作「李彦琦」。

〔八〕而敬瑭軍既旋　「既」，原作「亦」，據宗文本、吴縝纂誤卷下引五代史改。

〔九〕鷄距橋　通鑑卷二七七、九國志卷七作「鷄蹤橋」。

〔一〇〕張業　宋丙本作「張鄴」，舊五代史卷四四唐明宗紀十作「張知業」，册府卷一七八作「張知鄴」。本卷各處同。

〔一一〕朱滉　原作「朱晃」，據宗文本、本書卷六唐本紀、册府卷一七八改。

〔一二〕明年閏正月　「閏」字原闕，據宗文本補。按通鑑卷二七八繫其事於閏正月。

〔一三〕知祥爲兩川節度使　「兩川節度使」，宋史卷四七九西蜀孟氏世家同，宗文本作「西川節度使」。

〔一四〕昶爲行軍司馬　「昶」，宗文本作「使」。

〔一五〕知祥已卒而祕未發喪　「喪」字原闕，據宗文本、通鑑卷二七九補。

〔一六〕其應在秦　宗文本作「其應多在秦」。

〔一七〕義熙十四年　「十四」，原作「四」，據宗文本改。按晉書卷一三天文志，朱齡石卒於義熙十四年之明年，即晉恭帝元熙元年。

〔一八〕昶乃止　「昶」字原闕，據宗文本補。

〔一九〕昶懼其反仄　「仄」字原闕，據宋丙本、宗文本補。

〔二〇〕仁裕嘉王　通鑑卷二八九、蜀檮杌卷下敍其事云：「仁裕爲彭王，仁操爲嘉王。」東都事略卷二三：「仁祐彭王，仁操嘉王。」

〔二一〕昶問之　「問」，宗文本作「召問」。

〔三〕二十一年……昶幼子玄寶生七歲而卒　蜀檮杌卷下繫其事於十三年。

〔三〕太常言無服之殤無贈典　「之」字原闕，據宗文本補。

〔四〕指揮軍事　「軍」字原闕，據宗文本、諸史提要卷一五引五代史、續資治通鑑長編卷五、東都事略卷二三、隆平集卷一二補。

〔五〕夔州守將高彥儔戰敗　「夔州」二字原闕，據宗文本補。

〔六〕石頵　續資治通鑑長編卷六、太平治迹統類卷一作「石奉頵」，宋史卷四七九西蜀孟氏世家、宋朝事實卷一七作「石斌」。

新五代史卷六十五

南漢世家第五

劉隱 弟龑 龑子玢 玢弟晟 晟子鋹

劉隱，其祖安仁〔一〕，上蔡人也，後徙閩中，商賈南海，因家焉。父謙，爲廣州牙將。唐乾符五年，黄巢攻破廣州，去略湖湘間，廣州表謙封州刺史、賀江鎮遏使，以禦梧、桂以西。歲餘，有兵萬人，戰艦百餘艘。謙三子，曰隱、台、巖。

謙卒，廣州表隱代謙封州刺史。乾寧中，節度使劉崇龜死，嗣薛王知柔代爲帥，行至湖南，廣州將盧琚、覃玘作亂〔二〕，知柔不敢進。隱以封州兵攻殺琚、玘，迎知柔，知柔辟隱行軍司馬。其後徐彦若代知柔，表隱節度副使，委以軍政。彦若卒，軍中推隱爲留後。天祐二年，拜隱節度使。梁開平元年，加檢校太尉、兼侍中。二年，兼靜海軍節度、安南都護。三年，加檢校太師、兼中書令，封南平王。

隱父子起封州，遭世多故，數有功於嶺南，遂有南海。隱復好賢士。是時，天下已亂，中朝士人以嶺外最遠，可以避地，多遊焉。唐世名臣謫死南方者往往有子孫，或當時仕宦遭亂不得還者，皆客嶺表。王定保、倪曙、劉濬、李衡、周傑、楊洞潛、趙光胤之徒〔三〕，隱皆招禮之。定保容管巡官，曙唐太學博士，濬崇望之子，以避亂往；衡德裕之孫，唐右補闕，以奉使往：皆辟置幕府，待以賓客。傑善星曆，唐司農少卿，因避亂往，隱數問以災變，傑恥以星術事人，常稱疾不起，隱亦客之。洞潛初爲邕管巡官，秩滿客南海，隱常師事之，後以爲節度副使，及龑僭號，爲陳吉凶禮法。爲國制度，略有次序，皆用此數人焉。

乾化元年，進封隱南海王。是歲卒，年三十八。弟龑立。

龑，初名巖，謙庶子也。其母段氏生龑於外舍，謙妻韋氏素妬，聞之怒，拔劍而出，命持龑至，將殺之，及見而悸，劍輒墮地，良久曰：「此非常兒也！」後三日，卒殺段氏，養龑爲己子。及長，善騎射，身長七尺，垂手過膝。

隱爲行軍司馬，龑亦辟薛王府諮議參軍。隱鎮南海，龑爲副使。隱卒，龑代立。乾化二年，除清海節度使、檢校太保、同平章事。三年，加檢校太傅。末帝即位，悉以隱官爵授龑，龑封南海王。

唐末，南海最後亂，僖宗以後，大臣出鎮者，天下皆亂，無所之，惟除南海而已，自隱始亦自立。是時，交州曲顥、桂州劉士政、邕州葉廣略、容州龐巨昭〔四〕，分據諸管；盧光稠據虔州以攻嶺上，其弟光睦據潮州，子延昌據韶州；高州刺史劉昌魯、新州刺史劉潛及江東七十餘寨，皆不能制。隱攻韶州，龑曰：「韶州所賴者光稠，擊之，虔人必應，應則首尾受敵，此不宜直攻而可以計取。」隱不聽，果敗而歸，因盡以兵事付龑。龑悉平諸寨，遂殺昌魯等，更置刺史，卒出兵攻敗盧氏，取潮、韶。又西與馬殷爭容、桂，殷取桂管，虜士政；龑取容管，逐巨昭，又取邕管。隱、龑自梁初受封爵，禀正朔而已。

貞明三年，龑即皇帝位，國號大越，改元曰乾亨。追尊安仁文皇帝、謙聖武皇帝、隱襄皇帝，立三廟。置百官，以楊洞潛爲兵部侍郎、李衡禮部侍郎、倪曙工部侍郎、趙光胤兵部尚書，皆平章事。光胤自以唐甲族，恥事僞國，常怏怏思歸。龑乃習爲光胤手書，遣使間道至洛陽，召其二子損、益并其家屬皆至。光胤驚喜，爲盡心焉。

龑性聰悟而苛酷，爲刀鋸、支解、刳剔之刑，每視殺人，則不勝其喜，不覺朵頤，垂涎呀呷，人以爲真蛟蜃也。又好奢侈，悉聚南海珍寶，以爲玉堂珠殿。

二年，祀天南郊，大赦境内，改國號漢。龑初欲僭號，憚王定保不從，遣定保使荆南，及還，懼其非己，使倪曙勞之，告以建國。定保曰：「建國當有制度，吾入南門，清海軍額猶在，四方其不取笑乎！」龔笑曰：「吾備定保久矣，而不思此，宜其譏也！」

三年，册越國夫人馬氏爲皇后。馬氏，楚王殷女也。

四年春，置選部貢舉，放進士、明經十餘人，如唐故事，歲以爲常。

七年〔五〕，唐莊宗入汴，龔懼，遣宫苑使何詞入詗中國虚實，稱大漢國主致書大唐皇帝。詞還，言唐必亂，不足憂，龔大喜。又性好夸大，嶺北商賈至南海者，多召之，使升宫殿，示以珠玉之富。自言家本咸秦，恥王蠻夷，呼唐天子爲「洛州刺史」。是歲〔六〕，雲南驃信鄭旻遣使致朱鬃白馬以求婚，使者自稱皇親母弟、清容布燮兼理、賜金錦袍虎綾紋攀金裝刀、封歸仁慶侯、食邑一千户、持節鄭昭淳。昭淳好學有文辭，龔與游宴賦詩，龔及羣臣皆不能逮，遂以隱女增城縣主妻旻〔七〕。

八年，作南宫，王定保獻南宫七奇賦以美之。龔初名巖，又更曰陟。

九年，白龍見南宫三清殿，改元曰白龍，又更名龔〔八〕，以應龍見之祥。有胡僧言：「讖書：『滅劉氏者，龔也。』」龔乃採周易「飛龍在天」之義爲「龑」字，音「儼」，以名焉。

四年，楚人以舟師攻封州，封州兵敗於賀江，龑懼，以周易筮之，遇大有，遂赦境内，改元曰大有。遣將蘇章以神弩軍三千救封州，章以兩鐵索沈賀江中，爲巨輪於岸上，築隄以隱之，因輕舟迎戰，陽敗而奔，楚人逐之，章舉巨輪挽索鎖楚舟，以彊弩夾江射之，盡殺楚人。

三年，遣將李守鄘、梁克貞攻交趾，擒曲承美等。承美至南海，龑登儀鳳樓受俘，謂承美曰：「公常以我爲僞廷，今反面縛，何也？」承美頓首伏罪，乃赦之。承美，顥子也。克貞又攻占城，掠其寶貨而歸。

四年，愛州楊廷藝叛，攻交州刺史李進，進遯歸。龑遣承旨程寶攻廷藝，寶戰死。

五年，封子耀樞邕王、龜圖康王、洪度秦王、洪熙晉王、洪昌越王、洪弼齊王、洪雅韶王、洪澤鎮王、洪操萬王、洪杲循王、洪暐息王〔九〕、洪邈高王、洪簡同王、洪建益王、洪濟辨王、洪道貴王、洪昭宜王〔一〇〕、洪政通王、洪益定王。

九年，遣將軍孫德晟攻蒙州〔一一〕，不克。

十年，交州牙將皎公羡殺楊廷藝自立，廷藝故將吳權攻交州，公羡來乞師。龑封洪操交王，出兵白藤以攻之。龑以兵駐海門，權已殺公羡，逆戰海口，植鐵檿海中，權兵乘潮而進，洪操逐之，潮退舟還，轢檿者皆覆，洪操戰死，龑收餘衆而還。

十五年，龑卒，年五十四，謚天皇大帝，廟號高祖，陵曰康陵。子玢立。

玢，初名洪度，封秦王。龑子耀樞、龜圖皆早死，玢次當立。龑病臥寢中，召右僕射王翷與語〔一二〕，呼洪度、洪熙小字曰：「壽、僑雖長，然皆不足任吾事，惟洪昌類我，吾欲立之。奈何吾子孫不肖，後世如鼠入牛角，勢當漸小爾！」因泣下歔欷。翷爲龑謀，出洪度以邕州、洪熙容州，然後立洪昌爲太子。議已定，崇文使蕭益入問疾，龑以告之，益諫曰：「少者得立，長者爭之，禍始此矣！」由是洪度卒得立。更名玢，改元曰光天，尊母趙昭儀爲皇太妃，以晉王洪熙輔政。

玢立，果不能任事。龑在殯，召伶人作樂，飲酒宮中，裸男女以爲樂，或衣墨縗與倡女夜行，出入民家。由是山海間盜賊競起。妖人張遇賢，自稱中天八國王，攻陷循州。玢遣越王洪昌、循王洪杲攻之，遇賢圍洪昌等於錢帛館，裨將萬景忻、陳道庠力戰，挾二王潰圍而走。玢莫能省，嶺東皆亂。

洪熙日益進聲妓誘玢爲荒恣。玢亦頗疑諸弟圖己，敕宦官守宮門，入者皆露索。洪熙、洪杲、洪昌陰遣陳道庠養勇士劉思潮、譚令禋、林少彊少良、何昌廷等，習爲角觝以獻玢。玢宴長春宮以閱之，玢醉起，道庠與思潮等隨至寢門拉殺之，盡殺其左右。玢立二年，年二十四，謚曰殤。弟晟立。

晟，初名洪熙，封晉王。既弒玢，遂自立，改元曰應乾，以洪昌爲兵馬元帥、知政事，洪杲副元帥，劉思潮等封功臣。晟既弒兄〔一三〕，立不順，懼衆不伏，乃益峻刑法以威衆。已而洪杲屢請討賊，陰勸晟誅思潮等以止外議。晟大怒，使使者夜召洪杲。洪杲知不免，乃留使者，入具沐浴，詣佛前祝曰：「洪杲誤念，來生王宮，今見殺矣！後世當生民家，以免屠害。」因涕泣與家人訣別〔一四〕，然後赴召，至則殺之。冬，晟祀天南郊，改元曰乾和，羣臣上尊號曰大聖文武大明至道大光孝皇帝。

二年夏，遣洪昌祠襄帝陵於海曲，至昌華宮，晟使盜刺殺之。晟自殺洪杲，由是與諸弟有隙，而洪昌最賢，龔素所欲立者，晟尤忌之，故先及害。鎮王洪澤居邕州，有善政，是歲鳳皇見邕州，晟怒，使人酖殺之。而諸弟相次見殺。

三年，殺其弟洪雅，又殺劉思潮等五人。思潮等死，陳道庠懼不自安，其友鄧伸以荀悦漢紀遺之，道庠莫能曉，伸罵曰：「憨獠！韓信誅而彭越醢，皆在此書矣！」道庠悟，益懼。晟聞之大怒，以道庠、伸下獄，皆斬之於市，夷其族。以右僕射王翷爲英州刺史〔一五〕，使人殺之於路。

五年，晟弟洪弼、洪道、洪益、洪濟、洪簡、洪建、洪暐、洪昭，同日皆見殺。

六年，遣工部郎中、知制誥鍾允章聘楚以求婚，楚不許。允章還，晟曰：「馬公復能經略南土乎？」是時，馬希廣新立，希萼起兵武陵，湖南大亂，允章具言楚可攻之狀。晟乃遣巨象指揮使吳珣、內侍吳懷恩攻賀州，已克之，楚人來救，珣鑿大穽於城下，覆箔於上，以土傅之，楚兵迫城，悉陷穽中，死者數千，楚人皆走。珣等攻桂州及連、宜、嚴、梧、蒙五州，皆克之。掠全州而還。

九年冬，又遣內侍潘崇徹攻郴州，李景兵亦在，與崇徹等遇〔一六〕，戰，大敗景兵於宜章，遂取郴州。晟益得志，遣巨艦指揮使暨彥贇以兵入海，掠商人金帛作離宮遊獵〔一七〕，故時劉氏有南宮、大明、昌華、甘泉、玩華、秀華、玉清、太微諸宮，凡數百，不可悉紀。宦者林延遇、宮人盧瓊仙，內外專恣爲殺戮，晟不復省。常夜飮大醉，以瓜置伶人尚玉樓項，拔劍斬之以試劍，因并斬其首。明日酒醒，復召玉樓侍飮，左右白已殺之，晟歎息而已。

十年，湖南王進逵以兵五萬率谿洞蠻攻郴州，潘崇徹敗進逵於蠔石，斬首萬餘級。

十一年，晟病甚，封其子繼興衞王，璇興桂王〔一八〕，慶興荆王，保興祥王，崇興梅王。

十二年，晟親耕藉田。交州吳昌濬遣使稱臣，求節鉞。昌濬者，權子也。權自龑時據交州，龑遣洪操攻之，洪操戰死，遂棄不復攻。權死，子昌岌立，昌岌卒，弟昌濬立，始稱臣於晟。晟遣給事中李璵以旌節招之，璵至白州，昌濬使人止璵曰〔一九〕：「海賊爲亂，道路不通。」璵不果行。晟殺其弟洪邈。

十三年，又殺其弟洪政，於是龔之諸子盡矣。顯德三年〔一○〕，世宗平江北，晟始惶恐，遣使脩貢於京師，爲楚人所隔，使者不得行，晟憂形於色。又嘗自言知星，末年，月食牛女間，出書占之，歎曰：「吾當之矣！」因爲長夜之飲。

十六年，卜葬域於城北，運甓爲壙，晟親臨視之。是秋卒，年三十九，謚曰文武光聖明孝皇帝，廟號中宗，陵曰昭陵。子鋹立。

鋹，初名繼興，封衛王。晟卒，以長子立，改元曰大寶。晟性剛忌，不能任臣下，而獨任其嬖倖宦官、宮婢延遇、瓊仙等。至鋹尤愚，以謂羣臣皆自有家室，顧子孫，不能盡忠，惟宦者親近可任，遂委其政於宦者龔澄樞、陳延壽等，至其羣臣有欲用者，皆閹然後用。澄樞等既專政，鋹乃與宮婢波斯女等淫戲後宮，不復出省事。延壽又引女巫樊胡子，自言玉皇降胡子身。鋹於内殿設帳幄，陳寶貝，胡子冠遠遊冠，衣紫霞裾，坐帳中宣禍福，呼鋹爲太子皇帝，國事皆決於胡子，盧瓊仙、龔澄樞等爭附之。胡子乃爲鋹言：「澄樞等皆上天使來輔太子，有罪不可問。」尚書左丞鍾允章參政事〔一一〕，深嫉之，數請誅宦官，宦官皆仄目。

二年，鋹祀天南郊，前三日，允章與禮官登壇，四顧指麾，宦者許彥真望見之曰：「此謀反爾！」乃拔劍升壇，允章迎叱之，彦真馳走，告允章反。鋹下允章獄，遣禮部尚書薛用丕治之。允章與用丕有舊，因泣下曰：「吾今無罪，自誣以死固無恨，然吾二子皆幼，不知父冤，俟其長，公可告之。」彦真聞之，罵曰：「反賊欲使而子報仇邪！」復入白鋹，并捕二子繫獄，遂族誅之。陳延壽謂鋹曰：「先帝所以得傳陛下者，由盡殺羣弟也。」勸鋹稍誅去諸王，鋹以爲然，殺其弟桂王璇興。是歲，建隆元年也。鋹將邵廷琄言於鋹曰：「漢乘唐亂，居此五十年，幸中國有故，干戈不及，而漢益驕於無事，今兵不識旗鼓，而人主不知存亡。夫天下亂久矣，亂久而治，自然之勢也。今聞真主已出，必將盡有海内，其勢非一天下不能已。」勸鋹修兵爲備，不然，悉珍寶奉中國，遣使以通好。鋹懵然莫以爲慮，惡廷琄言直，深恨之。

四年，芝菌生宫中，野獸觸寢門，苑中羊吐珠，井旁石自立，行百餘步而仆，樊胡子皆以符瑞諷羣臣入賀。

五年，鋹以宦者李托養女爲貴妃，專寵。托爲内太師，居中專政。許彦真既殺鍾允章，惡龔澄樞等居己上，謀殺之。澄樞使人告彦真反，族誅之。

七年，王師南伐，克郴州，晟所遣將暨彦贇與其刺史陸光圖皆戰死，餘衆退保韶州。鋹始思廷琄言，遣廷琄以舟兵出洸口抗王師。會王師退舍，廷琄訓士卒，脩戰備，嶺人倚以爲良將。有譖者投無名書言廷琄反，鋹遣使者賜死，士卒排軍門見使者，訴廷琄無反狀，不能救，爲立祠於洸口。

八年，交州吴昌文卒〔二二〕，其佐呂處玶與峯州刺史喬知祐爭立〔二三〕，交趾大亂，驩州丁璉舉兵擊破之，鋹授璉交州節度。

九年，南海民妻生子兩首四臂。是時，太祖皇帝詔李煜諭鋹使稱臣，鋹怒，囚煜使者龔慎儀。

十三年，詔潭州防禦使潘美出師，師次白霞。鋹遣龔澄樞守賀州、郭崇岳守桂州、李托守韶州以備。是歲秋，潘美平賀州，十月平昭州，又平桂州，十一月平連州。鋹喜曰：「昭、桂、連、賀，本屬湖南，今北師取之，足矣，其不復南也。」其愚如此。十二月平韶州。開寶四年正月，平英、雄二州，鋹將潘崇徹先降。師次瀧頭，鋹遣使請和，求緩師。二月，師度馬逕，鋹遣其右僕射蕭漼奉表降。漼行，鋹惶迫，復令整兵拒命。美等進師，鋹遣其弟祥王保興率文武詣美軍降，不納。龔澄樞、李托等謀曰：「北師之來，利吾國寶貨爾，焚爲空城，師不能駐，當自還也。」乃盡焚其府庫、宫殿。鋹以海舶十餘，悉載珍寶、嬪御，將入海，宦官樂範竊其舟以逃歸。師次白田，鋹素衣白馬以降。獻俘京師，赦鋹爲左千牛衛大將軍〔二四〕，封恩赦侯。其後事具國史。【一】

【一】隱興滅年世，諸書皆同。蓋自唐天祐二年隱爲廣州節度使，至皇朝開寶四年國滅，凡六十七年。舊五代史以梁貞明三年龑僭號爲始，故曰五十五年爾。

校勘記

〔一〕其祖安仁　「安仁」，通鑑卷二七〇、九國志卷九、東都事略卷二三同，舊五代史卷一三五劉陟傳、册府卷二一九、隆平集卷一二、宋史卷四八一南漢劉氏世家作「仁安」。劉隱女劉華墓誌（拓片刊文物一九七五年第一期）：「曾祖諱安。」

〔二〕覃玘　舊五代史卷一三五劉陟傳、册府卷二二三作「譚玘」，通鑑卷二六〇作「譚弘玘」。

〔三〕趙光胤　據舊唐書卷一七八趙隱傳、通鑑卷二六七、卷二七〇、卷二八二，仕劉隱者爲趙光裔，趙光胤爲光裔弟，仕梁爲宰相。本卷下文同。

〔四〕龐巨昭　通鑑卷二六五、卷二六七、東都事略卷二三同，舊五代史卷一三五劉陟傳、隆平集卷一二作「龐巨源」，通鑑卷二六七考異引湖湘故事、新唐書卷一九〇劉建鋒傳作「龐巨曦」。

〔五〕七年　舊五代史卷三二唐莊宗紀六、吴越備史卷一繫其事於同光三年，按同光三年即南漢乾亨九年。

〔六〕是歲　通鑑卷二七四繫其事於同光三年，按同光三年即南漢白龍元年。

〔七〕增城縣主　通鑑卷二七四作「增城公主」。

〔八〕又更名龔　「龔」，原作「龑」，據諸史提要卷一五引五代史、舊五代史卷一三五劉陟傳、通鑑卷二七四、五國故事卷下、隆平集卷一二、宋史卷四八一改。

〔九〕洪暐息王　「息王」，通鑑卷二七八作「思王」。

〔一〇〕洪昭宜王　「洪昭」，宋丙本、宗文本作「洪照」。本卷下一處同。「宜王」，原作「宣王」，據宋丙本、宗文本、通鑑卷二七八改。

〔一一〕遣將軍孫德晟攻蒙州　「孫德晟」，宋丙本、宗文本作「孫德成」，通鑑卷二八〇作「孫德威」。「蒙州」，原作「象州」，據宋丙本、宗文本改。通鑑卷二八〇敍其事作「侵蒙、桂二州」。

〔一二〕王翺　原作「王翻」，據宋丙本、宗文本、諸史提要卷一五引五代史、通鑑卷二八三改。本卷下文同。

〔一三〕晟既弑兄　「弑」，原作「殺」，據宗文本改。舊五代史卷一三五劉陟傳、九國志卷九及本卷上文敍其事皆作「弑」。

〔一四〕因涕泣與家人訣別　「因」字原闕，據宗文本補。

〔一五〕以右僕射王翺爲英州刺史　「右」，通鑑卷二八五作「左」。

〔一六〕與崇徹等遇　「等」字原闕，據宗文本補。按通鑑卷二九〇記南漢攻郴州者，除潘崇徹外尚有將軍謝貫。

〔一七〕掠商人金帛作離宮遊獵　「掠」，原作「採」，據宗文本改。

〔一八〕璇興桂王　「璇興」，通鑑卷二九一同，宗文本、續資治通鑑長編卷一作「旋興」。本卷下文同。

〔一九〕昌濬　原作「濬」，據宗文本及本卷上文改。

〔二〇〕顯德三年　據本書卷一二周本紀、舊五代史卷一一八周世宗紀五，周平江北在顯德五年，又通鑑卷二九三繫南漢欲通使於周在顯德四年。

〔二一〕尚書左丞鍾允章參政事　「左」，通鑑卷二九四作「右」。

〔二二〕吴昌文　錢大昕考異卷六六：「今據黎崱安南志略云：吴權……卒，子昌岌立。昌岌卒，弟昌濬立。昌濬卒，弟昌文立。凡四世，而爲丁部領所代。則昌文實昌濬之弟，相繼嗣立，授受分明。崱生長安南，距宋初未遠，所言必得其實，較之正史爲可信也。」

〔二三〕其佐吕處玶與峯州刺史喬知祐爭立　「吕處玶」，宋史卷四八八交阯傳、續資治通鑑長編卷四、宋會要輯稿蕃夷四之二〇作「吴處玶」。「喬知祐」，宋丙本作「矯知祐」，續資治通鑑長編卷四作「橋知佑」，安南志略卷一一作「喬知佐」，宋史卷四八八交阯傳作「矯知護」。

〔二四〕赦鋹爲左千牛衛大將軍　「左」，東都事略卷二、卷二三、隆平集卷一二、續資治通鑑長編卷一二作「右」。

新五代史卷六十六

楚世家第六

馬殷 子希聲 希範 希廣

馬殷，字霸圖，許州鄢陵人也。唐中和三年，蔡州秦宗權遣孫儒、劉建峯將兵萬人屬其弟宗衡〔一〕，略地淮南，殷初爲儒裨將。宗衡等攻楊行密於揚州，未克，梁兵方急攻宗權，宗權數召儒等，儒不欲還，宗衡屢趣之，儒怒，殺宗衡，自將其兵取高郵，遂逐行密。行密據宣州，儒以兵圍之，久不克，遣殷與建峯掠食旁縣。儒戰敗死，殷等無所歸，乃推建峯爲帥，殷爲先鋒，轉攻豫章，略虔、吉，有衆數萬。乾寧元年，入湖南，次澧陵〔二〕。潭州刺史鄧處訥發邵州兵戍龍回關，建峯等至關，降其戍將蔣勛。建峯取勛鎧甲被先鋒兵，張其旗幟，直趨潭州，至東門，東門守者以爲關兵戍還，開門内之，遂殺處訥，建峯自稱留後。

僖宗授建峯湖南節度使〔三〕、殷爲馬步軍都指揮使。蔣勛求爲邵州刺史，建峯不與，勛率兵攻湘鄉，建峯遣殷擊勛於邵州。

建峯庸人，不能帥其下，常與部曲飲酒讙呼。軍卒陳贍妻有色，建峯私之，贍怒，以鐵檛擊殺建峯。軍中推行軍司馬張佶爲帥，佶將入府，乘馬輒踶齧，傷佶髀。佶臥病，語諸將曰：「吾非汝主也，馬公英勇，可共立之。」諸將乃共殺贍，磔其尸，遣姚彥章迎殷於邵州。殷至，佶乘肩輿入府，殷拜謁於廷中，佶召殷上，乃率將吏下，北面再拜，以位與之，時乾寧三年也。

唐拜殷潭州刺史。殷遣其將秦彥暉、李瓊等攻連、邵、郴、衡、道、永六州〔四〕，皆下之。桂管劉士政懼，遣其將陳可璠、王建武等率兵守全義嶺。殷遣使聘于士政，使者至境上，可璠等不納。殷怒，遣瓊等以兵七千攻之，擒可璠等及其兵二千餘人，悉坑之，遂圍桂管，虜士政，盡取其屬州。殷表瓊桂管觀察使。四年，拜殷武安軍節度使。

初，孫儒敗於宣州，殷弟賨爲楊行密所執，行密收儒餘兵爲「黑雲都」，以賨爲指揮使。賨從行密攻戰，數有功，爲人質重，未嘗自矜，行密愛之，問賨誰家子，賨曰：「馬殷弟也。」行密大驚曰：「汝兄貴矣，吾今歸汝，可乎？」賨不對。他日又問之，賨謝曰：「臣，孫儒敗卒也，幸公待以不死，非殺身不足報。湖南隣境，朝夕聞殷動靜足矣，不願去也。」行密歎曰：「昔吾愛子之貌，今吾得子之心矣。然勉爲吾合二國之懽，通商賈、易有無以相資，亦所以報我也！」乃厚禮遣賓歸。殷大喜，表賓節度副使。

行密遣將劉存等攻杜洪，圍鄂州，殷遣秦彥暉、許德勳以舟兵救之，已而杜洪敗死，存等遂攻殷。殷遣彥暉拒於上流，偏將黃璠以舟三百伏瀏陽口。存等屢戰不勝，乃致書於殷以求和，殷欲許之，彥暉曰：「淮人多詐，將怠我師，不可信。」急擊之，存等退走，黃璠以瀏陽舟截江合擊，大敗之，劉存及陳知新戰死〔五〕，彥暉取岳州。

梁太祖即位，殷遣使脩貢，太祖拜殷侍中兼中書令，封楚王。

荊南高季昌以兵斷漢口，邀殷貢使，殷遣許德勳攻其沙頭，季昌求和，乃止。楊行密袁州刺史呂師周來奔。師周，勇健豪俠，頗通緯候、兵書，自言三世將家〔六〕，懼不能免，常與酒徒聚飲，醉則起舞，悲歌慷慨泣下。行密聞之，疑其有異志，使人察其動靜。師周益懼，謂其裨將綦毋章曰：「吾與楚人爲敵境，吾常望其營上雲氣甚佳，未易敗也。吾聞馬公仁者，待士有禮，吾欲逃死於楚，可乎？」章曰：「公自圖之，章舌可斷，語不泄也。」師周以兵獵境上，乃奔於楚，綦毋章縱其家屬隨之。殷聞師周至，大喜曰：「吾方南圖嶺表，而得此人足矣。」以爲馬步軍都指揮使〔七〕，率兵攻嶺南，取昭、賀、梧、蒙、龔、富等州。殷表師周昭州刺史。

朗州雷彥恭召吳人攻平江，許德勳擊敗之。殷遣秦彥暉攻朗州，彥恭奔於吳，執其弟彥雄等七人送于梁。於是澧州向瓌、辰州宋鄴、漵州昌師益等率溪洞諸蠻皆附于殷〔八〕。太祖拜殷請升朗州爲永順軍，表張佶節度使。殷乃請依唐太宗故事，開天册府，置官屬。末帝時，加殷天册上將軍，殷以其弟賨爲左相，存爲右相，廖光圖等十八人爲學士。加殷武安武昌靜江寧遠等軍節度使〔九〕、洪鄂四面行營都統。

唐莊宗滅梁，殷遣其子希範修貢京師，上梁所授都統印。莊宗問洞庭廣狹，希範對曰：「車駕南巡，纔堪飲馬爾。」莊宗嘉之。莊宗平蜀，殷大懼，表求致仕，莊宗下璽書慰勞之。明宗即位，遣使脩貢，并賀明年正月，荆南高季昌執其貢使史光憲。殷遣袁詮、王環等攻之，至其城下，季昌求和，乃止。

殷初兵力尚寡，與楊行密、成汭、劉龑等爲敵國，殷患之，問策於其將高郁，郁曰：「成汭地狹兵寡，不足爲吾患；而劉龑志在五管而已；楊行密，孫儒之仇，雖以萬金交之，不能得其懽心。然尊王仗順，霸者之業也，今宜內奉朝廷以求封爵而外誇隣敵，然後退脩兵農，畜力而有待爾。」於是殷始修貢京師，然歲貢不過所產茶茗而已。乃自京師至襄、唐、郢、復等州置邸務以賣茶，其利十倍。郁又諷殷鑄鉛鐵錢，以十當銅錢一。又令民自造茶以通商旅，而收其算，歲入萬計。由是地大力完，數邀封爵。

天成二年，請建行臺。明宗封殷楚國王，有司言無封國王禮，請如三公用竹册，乃遣尚書右丞李序持節以竹册封之。殷以潭州爲長沙府，建國承制，自置官屬，以其弟賓爲静江軍節度使，子希振武順軍節度使，次子希聲判内外諸軍事，姚彦章爲左相，許德勳爲右相，李鐸爲司徒，崔穎爲司空，拓拔常爲僕射，馬珙爲尚書，文武皆進位。長興元年，殷卒，年七十九，詔曰「馬殷官爵俱高，無以爲贈，謚曰武穆」而已。謚其曾祖筠曰文肅、祖正曰莊穆、父元豐曰景莊，立三廟于長沙。子希聲立。

希聲，字若訥，殷次子也。殷建國，以希聲判内外諸軍事。荆南高季昌聞殷將高郁素教殷以計策而楚以彊，患之，嘗使諜者行間於殷，殷不聽。希聲用事，諜者語希聲曰：「季昌聞楚用高郁，大喜，以爲亡馬氏者必郁也。」希聲素愚，以爲然，遽奪郁兵職，郁怒曰：「吾事君王久矣，亟營西山，將老焉，犬子漸大，能咋人矣！」希聲聞之，矯殷令殺郁。殷老不復省事，莫知郁死，是日大霧四塞，殷怪之，語左右曰：「吾嘗從孫儒，儒每殺不辜〔一〇〕，天必大霧，豈馬步獄有冤死乎？」明日，吏以狀白，殷拊膺大哭曰：「吾荒耄如此，而殺吾勳舊！」顧左右曰：「吾亦不久於此矣！」明年殷薨。

希聲立，授武安静江等軍節度使。希聲嘗聞梁太祖好食鷄，慕之，乃日烹五十鷄以供膳。葬殷上潢，希聲不哭泣，頓食鷄肉數器而起，其禮部侍郎潘起譏之曰：「昔阮籍居喪而食蒸豚，世豈乏賢邪！」長興三年，希聲卒，追封衡陽王。弟希範立。

希範，字寶規，殷第四子也。殷子十餘人，嫡子希振長而賢，其次希聲與希範同日生，而希聲母袁夫人有美色，希聲以母寵得立，而希振棄官爲道士，居于家。故希聲卒〔一〕，而希範以次立，襲殷官爵，封楚王。清泰二年，賜以弓矢冠劍。天福四年，加希範天册上將軍，開府承制如殷故事。

希範好學，善詩，文士廖光圖、徐仲雅、李皋、拓拔常等十八人皆故殷時學士，希範性奢侈，光圖等皆薄徒，飲博懽呼，獨常沉厚長者，上書切諫，光圖等惡之。

襄州安從進、安州李金全叛，晉高祖詔希範出兵。希範遣張少敵以舟兵趨漢陽，漕米五萬斛以饋軍，金全等敗，少敵乃旋。

溪州刺史彭士然率錦、獎諸蠻攻澧州〔二〕，希範遣劉勍、劉全明等以步卒五千擊之，士然大敗。勍等攻溪州，士然走獎州，遣其子師暠率諸蠻酋降于勍〔三〕。溪州西接牂柯、兩林，南通桂林、象郡，希範乃立銅柱以爲表，命學士李皋銘之。於是，南寧州酋長莫彥殊率其本部十八州、都雲酋長尹懷昌率其昆明等十二部、牂柯張萬濬率其夷、播等七州皆附於希範。

希範作會春園、嘉宴堂，其費鉅萬，始加賦於國中，拓拔常切諫以爲不可。希範又作九龍殿，以八龍繞柱，自言身一龍也。是時，契丹滅晉，中國大亂，希範牙將丁思覲廷諫希範曰〔一四〕：「先王起卒伍，以攻戰而得此州，倚朝廷以制隣敵，傳國三世，有地數千里，養兵十萬人。今天子囚辱〔一五〕，中國無主，真霸者立功之時。誠能悉國之兵出荆、襄以趨京師，倡義於天下，此桓文之業也。奈何耗國用而窮土木，爲兒女之樂乎〔一六〕？」希範謝之，思覲瞋目視希範曰：「孺子終不可教也！」乃扼喉而死。開運四年，希範卒，年四十九，謚曰文昭。希廣立。

希廣，字德丕，希範同母弟也。希範平生惡拓拔常諫諍，常入謁，希範呼閽者指常曰：「吾不欲見此人，勿復内也。」乃謝絶之。及卧病，始思常言，以爲忠，召之託以希廣。希範卒，常數勸希廣以位奉其兄希萼，希廣不從。

希萼爲朗州節度使，希範之卒，希萼自朗州來奔喪。希廣將劉彦瑫謀曰：「武陵之來，其意不善，宜出兵迎之，以備非常，使其解甲釋兵而後入。」張少敵、周廷誨曰：「王能與之則已，不然宜早除之。」希廣泣曰：「吾兄也，焉忍殺之，分國而治可也。」乃以兵迎希萼於硤石，止之於碧湘宮，厚賂以遺之。希萼憤然而去，乃遣使詣京師求封爵，請置邸稱藩。漢隱帝不許，降璽書慰勞講解之。希萼怒，送款於李景，舉兵攻長沙。希廣遣劉彥瑫、許可瓊等禦之。

彥瑫敗希萼於僕射洲。希萼去，誘溪洞諸蠻寇益陽。希廣遣崔洪璉以步卒七千屯湘鄉玉潭〔一七〕，以遏諸蠻。劉彥瑫以舟兵趨武陵，攻希萼。彥瑫敗於湄洲，希廣大懼，遣使請兵於京師，漢隱帝不能出師。希萼率舟兵沿江而上〔一八〕，自號「順天將軍」，攻岳州，刺史王贇堅城不戰，希萼呼贇曰：「吾昔約君同行，今何異心乎？」贇曰：「君王兄弟不相容，而責將吏異心乎？願君王入長沙，不傷同氣，臣不敢不盡節。」希萼引兵去，下湘鄉〔一九〕，止長沙，屯水西，劉彥瑫、許可瓊屯水東。

彭師暠登城望水西軍，入白希廣曰：「武陵兵驕，雜以蠻蜑，其勢易破。請令可瓊等陣山前，臣以步兵三千自巴溪渡江趨岳麓後〔二〇〕，夜擊之。」希廣以爲可，而可瓊已陰送款於希萼，遂沮其議。明日，師暠詣可瓊計事，瞋目叱之曰：「視汝反文在面〔二一〕，豈欲投賊乎！」拂衣而出，急白希廣，請殺之，希廣不聽。希萼攻長樂門，牙將吴宏、楊滌戰于門中，希萼少衄，已而許可瓊奔于希萼，宏、滌聞之皆潰。

希廣率妻子匿于慈堂。明日，擒之。希萼見之惻然，曰：「此鈍夫也，豈能爲惡？徒爲左右惑之爾〔二二〕。」顧其下曰：「吾欲活之，如何？」其下皆不對，遂縊殺之〔二三〕。

乾祐三年，希萼自立。明年，漢隱帝崩，京師大亂，希萼遂臣於李景，景册封希萼楚王，希萼悉以軍政事任其弟希崇。希崇與楚舊將徐威、陸孟俊、魯縚等謀作亂。希萼置酒端陽門，希崇辭以疾，威等縱惡馬十餘匹，以壯士執檛隨之，突入其府，刼庫兵〔二四〕，縛希萼，迎希崇以立。希崇遣彭師暠、廖偃囚希萼於衡山，師暠奉希萼爲衡山王，臣於李景。希崇懼，亦請命於景。景遣邊鎬入楚，盡遷馬氏之族于金陵，時周廣順元年也。景封希萼楚王〔二五〕，居洪州；希崇領舒州節度使，居揚州。

顯德三年，世宗征淮，下揚州，下詔撫安馬氏子孫。已而揚州復入于景，希崇率其兄弟十七人歸京師，拜右羽林統軍〔二六〕，希能左屯衞大將軍，希貫右千牛衞大將軍，希隱、希濬、希知〔二七〕、希朗皆爲節度行軍司馬。

劉言

劉言，吉州廬陵人也。王進逵，武陵人也。言，初事刺史彭玕，從玕奔楚，言事希範爲辰州刺史。進逵少爲靜江軍卒，事希萼爲指揮使。

希萼攻希廣，以進逵爲先鋒，陷長沙。長沙遭亂殘毁，希萼使進逵以靜江兵營緝之，兵皆愁怨，進逵因擁之，夜以長柯巨斧斫關，奔歸武陵。希萼方醉，不能省。明旦〔二八〕，遣將唐翥追之，及于武陵，翥戰大敗而還。進逵乃逐出留後馬光惠，迎言於辰州以爲帥，進逵自爲副。已而希萼將徐威等作亂，縛希萼，而立希崇，湖南大亂。李景遣邊鎬入楚，遷馬氏于金陵，因并召言。言不從，遣進逵與行軍司馬何景真等攻鎬於長沙，鎬敗走。

周廣順三年，言奉表京師，以邀封爵，又言長沙殘破，不可居，請移治所於武陵。周太祖皆從之，乃升朗州爲武平軍，在武安軍上，以言爲節度使，因以武安授進逵。進逵自以言己所迎立，不爲之下。言患之，二人始有隙，欲相圖。進逵謀曰：「言將可用者不過何景真、朱全琇爾，召而殺之，言可取也。」是時，劉晟取楚梧、桂、宜、蒙等州，進逵因白言召景真等會兵攻晟。言信之，遣景真、全琇往，至皆見殺。乃舉兵襲武陵，執言殺之，奉表京師，周太祖即以進逵爲武平軍節度使。

世宗征淮南，授進逵南面行營都統。進逵攻鄂州，過岳州，岳州刺史潘叔嗣，進逵故時同列，待進逵甚謹。進逵左右就叔嗣求賂，叔嗣不與，左右讒其短，進逵面罵之，叔嗣慚恨，語其下曰：「進逵戰勝而還，吾無遺類矣。」進逵入鄂州，方攻下長山，叔嗣以兵襲武陵。進逵聞之，輕舟而歸，與叔嗣戰武陵城外，進逵敗，見殺。

周行逢 子保權

周行逢，武陵人也。與王進逵俱爲靜江軍卒，事希萼爲軍校。進逵攻邊鎬，行逢別破益陽，殺李景兵二千餘人，擒其將李建期。進逵爲武安軍節度使，拜行逢集州刺史，爲進逵行軍司馬。進逵與劉言有隙，行逢爲畫謀策，遂襲殺言〔二九〕。進逵據武陵，行逢據潭州。

顯德元年，拜行逢武清軍節度使，權知潭州軍府事。潘叔嗣殺進逵，或勸其入武陵，叔嗣曰：「吾殺進逵，救死而已，武陵非吾利也。」乃還岳州，遣其客將李簡率武陵人迎行逢於潭州。行逢入武陵，或請以潭州與叔嗣，行逢曰：「叔嗣殺主帥，罪當死，以其迎我，未忍殺爾。若與武安，是吾使之殺王公也。」召以爲行軍司馬。叔嗣怒，稱疾不至，行逢怒曰：「是又欲殺我矣！」乃陽以武安與之，召使至府受命，至則殺之。

行逢，故武陵農家子，少貧賤，無行，多慷慨大言。及居武陵，能儉約自勉勵，而性勇敢，果於殺戮，麾下將吏素恃功驕慢者，一以法繩之。大將十餘人謀爲亂，行逢召宴諸將，酒半，以壯士擒下斬之，一境皆畏服。民過無大小皆死，夫人嚴氏諫曰〔三〇〕：「人情有善惡，安得一概殺之乎！」行逢怒曰：「此外事，婦人何知！」嚴氏不悅，紿曰：「家田佃户以公貴，頗不力農，多恃勢以侵民，請往視之。」至則營居以老，歲時衣青裙押佃户送租入城。行逢往就見之，勞曰：「吾貴矣，夫人何自苦邪！」嚴氏曰：「公思作户長時乎？民租後時，常苦鞭扑，今貴矣，宜先期以率衆，安得遂忘壠畝間乎！」行逢彊邀之，以羣妾擁升肩輿，嚴氏卒無留意，因曰：「公用法太嚴而失人心，所以不欲留者，一旦禍起，田野間易爲逃死爾。」行逢爲少損。

建隆三年，行逢病，召其將吏，以其子保權屬之曰：「吾起隴畝爲團兵，同時十人，皆以誅死，惟衡州刺史張文表獨存，然常怏怏不得行軍司馬。吾死，文表必叛，當以楊師璠討之。如其不能，則嬰城勿戰，自歸於朝廷。」行逢卒，子保權立。文表聞之，怒曰：「行逢與我起微賤而立功名，今日安能北面事小兒乎！」遂舉兵叛，攻下潭州。保權乞師於朝廷，亦命楊師璠討文表，告以先人之言，感激涕泣，師璠亦泣，顧其軍曰：「汝見郎君乎？年未成人而賢若此。」軍士奮然，皆思自效。師璠至平津亭，文表出戰，大敗之。初，保權之乞師也，太祖皇帝遣慕容延釗討文表，未至而文表爲師璠所執。延釗兵入朗州，保權舉族朝于京師。其後事具國史。【一】

【一】殷自唐乾寧三年入湖南，至周廣順元年，凡五十七年，餘具年譜注。

校勘記

〔一〕劉建峯　舊五代史卷一三三馬殷傳同，新唐書卷一九〇劉建鋒傳作「劉建鋒」，又云「字鋭端」，以字推之，當以「鋒」字是。本卷下文同。

〔二〕次澧陵　「澧陵」，新唐書卷一八六鄧處訥傳、通鑑卷二五九同，通鑑胡注：「澧當作醴，醴陵在漢臨湘縣界。」

〔三〕僖宗授建峯湖南節度使　據新唐書卷一九〇劉建鋒傳、通鑑卷二五九及本卷上文，劉建峯入湖南在乾寧元年，「僖宗」，疑當作「昭宗」。

〔四〕殷遣其將秦彦暉李瓊等攻連邵郴衡道永六州　據通鑑卷二六一，馬殷時已控制邵州，所攻僅連、郴、衡、道、永五州。

〔五〕劉存及陳知新戰死　宗文本作「殺存及陳知新」。按本書卷六一吴世家、通鑑卷二六六，劉存及陳知新皆被執而後處斬。

〔六〕自言三世將家　「三世」，原作「五世」，據宋丙本、宗文本改。通鑑卷二六六胡注引九國志敍其事作「三代將家」。

〔七〕以爲馬步軍都指揮使　「馬步軍」，通鑑卷二六七、九國志卷一一作「步軍」。

〔八〕漵州昌師益等率溪洞諸蠻皆附于殷　「漵州」，通鑑卷二六七考異引湖湘故事作「敍州」。朱孝誠墓碑（拓片刊北京圖書館藏中國歷代石刻拓本匯編第三十册）記：「元和初，張伯靖負固敍州」，錢大昕潛研堂金石文跋尾卷八：「史稱伯靖『溆州蠻』，碑作『敍』，當以碑爲正。」

〔九〕末帝時加殷武安武昌靜江寧遠等軍節度使　「武安」二字原闕，據南監本、通鑑卷二六八補。宗文本作「民安」，係「武安」之訛。又通鑑卷二六八繫其事於梁太祖乾化二年四月。

〔一〇〕儒每殺不辜　「儒」字原闕，據宗文本補。

〔一一〕故希聲卒　「故」字原闕，據宗文本補。

〔一二〕彭士然　舊五代史卷七八晉高祖紀四、卷七九晉高祖紀五、卷一三三馬希範傳、宋史卷四九三西南溪峒諸蠻傳上、通鑑卷二八二、溪州銅柱銘文（拓片藏上海博物館）作「彭士愁」。按輿地紀勝卷七五銅柱銘條：「五代史謂之彭士然者，字之訛也，當以彭士愁爲正。」本卷下文同。

〔一三〕遣其子師暠率諸蠻酋降于勍　「師暠」，溪州銅柱銘文作「師杲」。本卷下文同。

〔一四〕丁思覲　通鑑卷二八五作「丁思瑾」，五代史補卷三作「丁思僅」。本卷下一處同。

〔一五〕今天子囚辱　「今」字原闕，據宋丙本、宗文本、詳節卷九補。

〔一六〕爲兒女之樂乎　「兒女」，宗文本作「兒女子」。

〔一七〕崔洪璉　原作「崔珙璉」，據宋丙本、宗文本、通鑑卷二八九、馬令南唐書卷二九改。

〔一八〕希萼率舟兵沿江而上　「率」字原闕，據宗文本補。通鑑卷二八九敍其事云：「希萼留其子光贊守朗州，悉發境内之兵趣長沙。」

〔一九〕下湘鄉　「湘鄉」，通鑑卷二八九作「湘陰」。按自岳州至長沙，當由湘陰，湘鄉非必經之地。柴德賡識語：「當從通鑑作『湘陰』。」

〔二〇〕臣以步兵三千自巴溪渡江趨岳麓後　「後」，原作「候」，據宗文本改。通鑑卷二八九敍其事云：「願假臣步卒三千，自巴溪渡江，出嶽麓之後，至水西，令許可瓊以戰艦渡江，腹背合擊，必破之。」又九國志卷一一敍其事云：「請假臣步卒三千人，南自巴溪渡江，趨嶽麓後，夜擊之。」

〔二一〕視汝反文在面　「反文在面」，原作「文不在面」，據宋丙本、宗文本、九國志卷一一改。

〔二二〕徒爲左右惑之爾　「徒爲」二字原闕，據宗文本補。

〔二三〕遂縊殺之　「殺」，原作「死」，據宗文本改。

〔二四〕劫庫兵　「庫」，原作「軍」，據宋丙本、宗文本改。

〔二五〕景封希萼楚王　「景」字原闕，據宗文本補。

〔二六〕拜右羽林統軍　「右」，舊五代史卷一一六周世宗紀三、册府卷一六七作「左」。

〔二七〕希知　宋丙本、宗文本作「希矩」。

〔二八〕明旦　原作「明日」，據宗文本改。按九國志卷一一敍其事作「遲明」。

〔二九〕遂襲殺言　「遂」字原闕，據宗文本補。

〔三〇〕夫人嚴氏諫曰　「嚴氏」，通鑑卷二九三、東都事略卷二四作「鄧氏」。本卷下文同。

新五代史卷六十七

吴越世家第七

錢鏐 子元瓘　元瓘子佐　佐弟俶

錢鏐，字具美，杭州臨安人也。臨安里中有大木，鏐幼時與羣兒戲木下，鏐坐大石指麾羣兒爲隊伍，號令頗有法，羣兒皆憚之。及壯，無賴，不喜事生業，以販鹽爲盜。

縣録事鍾起有子數人，與鏐飲博，起嘗禁其諸子，諸子多竊從之遊。豫章人有善術者，望牛斗間有王氣。牛斗，錢塘分也，因遊錢塘。占之在臨安，乃之臨安，以相法隱市中，陰求其人。起與術者善，術者私謂起曰：「占君縣有貴人，求之市中不可得，視君之相貴矣，然不足當之。」起乃爲置酒，悉召縣中賢豪爲會〔一〕，陰令術者徧視之，皆不足當。術者過起家，鏐適從外來，見起，反走，術者望見之，大驚曰：「此真貴人也！」起笑曰：「此起始縱其子等與鏐遊，時時貸其窮乏。

吾旁舍錢生爾。」術者召鏐至，熟視之，顧起曰：「君之貴者，因此人也。」乃慰鏐曰：「子骨法非常，願自愛！」因與起訣曰：「吾求其人者，非有所欲也，直欲質吾術爾。」明日乃去。

鏐善射與槊，稍通圖緯諸書。唐乾符二年，浙西裨將王郢作亂，石鑑鎮將董昌募鄉兵討賊，表鏐偏將，擊郢破之。是時，黄巢衆已數千，攻掠浙東，至臨安，鏐曰：「今鎮兵少而賊兵多，難以力禦，宜出奇兵邀之。」乃與勁卒二十人伏山谷中，巢先鋒度險皆單騎，鏐伏弩射殺其將，巢兵亂，鏐引勁卒蹂之，斬首數百級。鏐曰：「此可一用爾，若大衆至〔二〕，何可敵邪！」乃引兵趨八百里，八百里，地名也，告道旁嫗曰：「後有問者，告曰：『臨安兵屯八百里矣。』」巢衆至，聞嫗語，不知其地名，皆曰〔三〕：「嚮十餘卒不可敵，況八百里乎！」遂急引兵過。都統高駢聞巢不敢犯臨安，壯之，召董昌與鏐俱至廣陵。久之，駢無討賊意，昌等不見用，辭還，駢表昌杭州刺史。是時，天下已亂，昌乃團諸縣兵爲八都，以鏐爲都指揮使、成及爲靖江都將。

中和二年，越州觀察使劉漢宏與昌有隙，漢宏遣其弟漢宥、都虞候辛約屯兵西陵。鏐率八都兵渡江，竊敵軍號〔四〕，斫其營，營中驚擾，因焚之，漢宥等皆走。漢宏復遣將黄珪、何肅屯諸暨、蕭山，鏐皆攻破之。與漢宏遇，戰，大敗之，殺何肅、辛約。漢宏易服持膾刀以遯，追者及之，漢宏曰：「我宰夫也。」舉刀示之，乃免。

四年，僖宗遣中使焦居璠爲杭越通和使，詔昌及漢宏罷兵，皆不奉詔。漢宏遣其將朱褒、韓公玫〔五〕、施堅實等以舟兵屯望海。鏐出平水，成及夜率奇兵破褒等於曹娥埭，進屯豐山，施堅實等降，遂攻破越州。漢宏走台州，台州刺史執漢宏送於鏐，斬于會稽，族其家。鏐乃奏昌代漢宏，而自居杭州。

光啓三年，拜鏐左衛大將軍、杭州刺史，昌越州觀察使。是歲，畢師鐸囚高駢，淮南大亂，六合鎮將徐約攻取蘇州。潤州牙將劉浩逐其帥周寶，寶奔常州，浩推度支催勘官薛朗爲帥。鏐遣都將成及、杜稜等攻常州，取周寶以歸，鏐具軍禮郊迎，館寶於樟亭，寶病卒。稜等進攻潤州，逐劉浩，執薛朗，剖其心以祭寶。然後遣其弟銶攻徐約，約敗走入海，追殺之。

昭宗拜鏐杭州防禦使。是時，楊行密、孫儒爭淮南，與鏐戰蘇常間。久之，儒爲行密所殺，行密據淮南，取潤州，鏐亦取蘇、常。唐升越州威勝軍，以董昌爲節度使，封隴西郡王；杭州武威軍〔六〕，拜鏐都團練使，以成及爲副使。及字弘濟，與鏐同事攻討，謀多出於及，而鏐以女妻及子仁琇。鏐乃以杜稜、阮結〔七〕、顧全武等爲將校，沈崧、皮光業、林鼎、羅隱爲賓客。

景福二年，拜鏐鎮海軍節度使、潤州刺史。乾寧元年，加同中書門下平章事。二年，越州董昌反。昌素愚，不能決事，臨民訟，以骰子擲之，而勝者爲直。妖人應智王温、巫韓媪等，以妖言惑昌，獻鳥獸爲符瑞。牙將倪德儒謂昌曰：「曩時謡言有羅平鳥主越人禍福，民間多圖其形禱祠之，視王書名與圖類。」因出圖以示昌，昌大悦，乃自稱皇帝，國號羅平，改元順天，分其兵爲兩軍，中軍衣黄，外軍衣白，銘其衣曰「歸義」。副使黄竭切戒昌以爲不可〔八〕，昌大怒，使人斬竭，持其首至，罵曰：「此賊負我，好聖明時，三公不肯作，乃自求死邪！」投之圊中。昌乃以書告鏐，鏐以昌反狀聞。

昭宗下詔削昌官爵，封鏐彭城郡王，浙江東道招討使。鏐曰：「董氏於吾有恩，不可遽伐。」以兵三萬屯迎恩門，遣其客沈滂諭昌使改過。昌以錢二百萬犒軍〔九〕，執應智等送軍中，自請待罪，鏐乃還兵。昌復拒命，遣其將陳郁、崔温等屯香嚴、石侯，乞兵於楊行密，行密遣安仁義救昌。鏐遣顧全武攻昌，斬崔温。昌所用諸將徐珣、湯臼、袁郊等皆庸人〔一〇〕，不知兵，遇全武輒敗。昌兄子真，驍勇善戰，全武等攻之，逾年不能克。真與其裨將刺羽有隙，羽譖之，昌殺真，兵乃敗。全武執昌歸杭州，行至西小江，昌顧左右曰：「吾與錢公俱起鄉里，吾嘗爲大將，今何面目復見之乎〔一一〕！」左右相對泣下，因瞋目大呼，投水死。

昭宗以宰相王摶鎮越州〔一二〕，摶請授鏐，乃改威勝軍爲鎮東軍，拜鏐鎮海、鎮東軍節度使，加檢校太尉、中書令，賜鐵券，恕九死。鏐如越州受命，還治錢塘，號越州爲「東府」。光化元年，移鎮海軍於杭州，加鏐檢校太師，改鏐鄉里曰廣義鄉勳貴里，鏐素所居營曰衣錦營。婺州刺史王壇叛附于淮南，楊行密遣其將康儒應壇，因攻睦州。鏐遣其弟銶敗儒於軒渚，壇奔宣州。昭宗詔鏐圖形凌煙閣，升衣錦營爲衣錦城，石鑑山曰衣錦山，大官山曰功臣山。鏐游衣錦城，宴故老，山林皆覆以錦，號其幼所嘗戲大木曰「衣錦將軍」。

天復二年，封鏐越王。鏐巡衣錦城，武勇右都指揮使徐綰與左都指揮使許再思叛，焚掠城郭，攻内城，鏐子傳瑛及其將馬綽、陳爲等閉門拒之。鏐歸，至北郭門不得入。成及代鏐與綰戰，斬首百餘級，綰屯龍興寺。鏐微服踰城而入，遣馬綽、王榮、杜建徽等分屯諸門，使顧全武備東府，全武曰：「東府不足慮，可慮者淮南爾，綰急，必召淮兵，淮兵至〔一三〕，患不細矣。楊公大丈夫，今以難告，必能閔我。」鏐以爲然。全武曰：「獨行，事必不濟〔一四〕，請擇諸公子可行者。」鏐曰：「吾嘗欲以元璙婚楊氏。」乃使隨全武如廣陵。綰果召田頵於宣州。全武等至廣陵，行密以女妻元璙，亟召頵還。頵取鏐錢百萬，質鏐子元瓘而歸。

天祐元年，封鏐吴王，鏐建功臣堂，立碑紀功，列賓佐將校名氏於碑陰者五百人。四年，升衣錦城爲安國衣錦軍。

梁太祖即位，封鏐吴越王、兼淮南節度使。客有勸鏐拒梁命者，鏐笑曰：「吾豈失爲孫仲謀邪！」遂受之。太祖嘗問吴越進奏吏曰：「錢鏐平生有所好乎？」吏曰：「好玉帶、名馬。」太祖笑曰：「真英雄也。」乃以玉帶一匣、打毬御馬十匹賜之。江西危全諷等爲楊渥所敗，信州危仔倡奔於鏐，鏐惡其姓，改曰元。開平二年，加鏐守中書令，改臨安縣爲安國縣、廣義鄉爲衣錦鄉。三年，加守太保。

楊渥將周本、陳章圍蘇州〔一五〕，鏐遣其弟鋸、鏢救之。淮兵爲水栅環城，以銅鈴繫網沈水中，斷潛行者。水軍卒司馬福，多智而善水行，乃先以巨竹觸網，淮人聞鈴聲遂舉網，福乃過，入城中，其出也亦然。乃取其軍號，内外夾攻，號令相應，淮人以爲神，遂大敗之，本等走，擒其將閭丘直、何明等〔一六〕。

四年，鏐游衣錦軍，作還鄉歌曰：「三節還鄉兮掛錦衣，父老遠來相追隨。牛斗無孛人無欺，吴越一王駟馬歸。」乾化元年，加鏐守尚書令，兼淮南、宣潤等道四面行營都統。立生祠於衣錦軍。鏐弟鏢居湖州，擅殺戍將潘長，懼罪奔于淮南。二年，梁郢王友珪立，册尊鏐尚父。末帝貞明三年，加鏐天下兵馬都元帥〔一七〕，開府置官屬。四年，楊隆演取虔州，鏐始由海路入貢京師。龍德元年，賜鏐詔書不名。

唐莊宗入洛，鏐遣使貢獻，求玉册。莊宗下其議於有司，羣臣皆以謂非天子不得用玉册，郭崇韜尤爲不可，既而許之，乃賜鏐玉册、金印。鏐因以鎮海等軍節度授其子元瓘，自稱吴越國王，更名所居曰宫殿、府曰朝，官屬皆稱臣，起玉册、金券、詔書三樓於衣錦軍，遣使册新羅、渤海王，海中諸國，皆封拜其君長。

明宗初即位〔一八〕，安重誨用事，鏐致書重誨，書辭嫚，重誨大怒。是時，供奉官烏昭遇、韓玫使吴越，既還，玫誣昭遇稱臣舞蹈，重誨乃奏削鏐王爵、元帥、尚父，以太師致仕。元瓘等遣人以絹表間道自陳。安重誨死，明宗乃復鏐官爵。長興三年，鏐卒，年八十一，謚曰武肅。子元瓘立。

元瓘，字明寶〔一九〕，少爲質於田頵。頵叛於吴，楊行密會越兵攻之，頵每戰敗歸，即欲殺元瓘，頵母嘗蔽護之。後頵將出，語左右曰：「今日不勝，必斬錢郎。」是日頵戰死，元瓘得歸。

鏐臥病，召諸大將告之曰：「吾子皆愚懦，不足任後事，吾死，公等自擇之。」諸將泣下，皆曰：「元瓘從王征伐最有功，諸子莫及，請立之。」鏐乃出筦鑰數篋，召元瓘與之曰：「諸將許爾矣。」鏐卒，元瓘立，襲封吴越國王，玉册、金印皆如鏐故事。

王延政自立於建州，閩中大亂，元瓘遣其將仰詮、薛萬忠等攻之，逾年，大敗而歸。元瓘亦善撫將士，好儒學，善爲詩，使其國相沈崧置擇能院，選吴中文士録用之。然性尤奢僭，好治宫室。天福六年，杭州大火，燒其宫室迨盡，元瓘避之，火輒隨發，元瓘大懼，因病狂。是歲卒，年五十五，謚曰文穆。子佐立。

佐，字祐。立時年十三，諸將皆少佐，佐初優容之，諸將稍不法，佐乃黜其大將章德安於明州〔一〇〕、李文慶於睦州，殺内都監杜昭達、統軍使闞璠，由是國中皆畏恐。

王延羲、延政兄弟相攻，卓儼明、朱文進、李仁達等自相篡殺，連兵不解者數年。仁達附于李景，已而又叛，景兵攻之，仁達求救於佐。佐召諸將計事，諸將皆不欲行，佐奮然曰：「吾爲元帥，而不能舉兵邪？諸將皆吾家素畜養〔一一〕，獨不肯以身先我乎？有異吾議者斬！」乃遣其統軍使張筠、趙承泰等率兵三萬，水陸赴之。遣將誓軍，號令齊整。筠等大敗景兵，俘馘萬計，獲其將楊業、蔡遇等，遂取福州而還，由是諸將皆服。

佐立七年，襲封吴越國王，玉册、金印皆如元瓘。開運四年，佐卒，年二十，謚曰忠獻。弟俶立。

俶，字文德。佐卒，弟倧以次立。初，元瓘質於宣州，以胡進思、戴惲等自隨，元瓘立，用進思等爲大將。佐既年少，進思以舊將自待，甚見尊禮，及倧立，頗卑侮之，進思不能平。倧大閱兵於碧波亭，方第賞，進思前諫以賞太厚，倧怒，擲筆水中曰：「以物與軍士，吾豈私之，何見咎也！」進思大懼。歲除，畫工獻鍾馗擊鬼圖，倧以詩題圖上，進思見之大悟，知倧將殺己。是夕，擁衞兵廢倧，囚於義和院，迎俶立之，遷倧于東府。俶歷漢、周，襲封吴越國王，賜玉册、金印。

世宗征淮南，詔俶攻常、宣二州以牽李景，俶治國中兵以待。景聞周師將大舉，乃遣使安撫，境上皆戒嚴。蘇州候吏陳滿不知景使，以謂朝廷已克諸州，遣使安撫矣，亟言於俶，請舉兵以應。俶相國吴程遽調兵以出，相國元德昭以爲王師必未渡淮，與程爭於俶前，不可奪。程等攻常州，果爲景將柴克宏所敗，程裨將邵可遷力戰，可遷子死馬前，猶戰不顧，程等僅以身免。周師渡淮，俶乃盡括國中丁民益兵，使邵可遷等以戰船四百艘、水軍萬七千人至于通州以會期。

吴越自唐末有國，而楊行密、李昪據有江淮。吴越貢賦，朝廷遣使，皆由登、萊泛海，歲常飄溺其使。顯德四年，詔遣左諫議大夫尹日就、吏部郎中崔頌等使于俶，世宗諭之曰：「朕此行決平江北，卿等還當陸來也。」五年，王師征淮。正月，克靜海軍，而日就等果陸還。世宗已平淮南，遣使賜俶兵甲旗幟、槖駝羊馬。

錢氏兼有兩浙幾百年，其人比諸國號爲怯弱，而俗喜淫侈，偷生工巧，自鏐世常重斂其民以事奢僭，下至鷄魚卵鷇，必家至而日取。每笞一人以責其負，則諸案吏各持其簿列于庭〔二〕，凡一簿所負，唱其多少，量爲笞數，已則以次唱而笞之〔三〕，少者猶積數十，多者至笞百餘，人尤不勝其苦。又多掠得嶺海商賈寶貨。當五代時，常貢奉中國不絕，及世宗平淮南，宋興，荆、楚諸國相次歸命，俶勢益孤，始傾其國以事貢獻。太祖皇帝時，俶嘗來朝，厚禮遣還國，俶喜，益以器服珍奇爲獻，不可勝數。太祖曰：「此吾帑中物爾，何用獻爲！」太平興國三年，詔俶來朝，俶舉族歸于京師，國除。其後事具國史。

嗚呼！天人之際，爲難言也。非徒自古術者好奇而幸中，至於英豪草竊亦多自託於妖祥，豈其欺惑愚衆，有以用之歟？蓋其興也，非有功德漸積之勤，而黥髡盜販，倔起於王侯，而人亦樂爲之傳歟？考錢氏之始終，非有德澤施其一方，百年之際，虐用其人甚矣，其動於氣象者，豈非其孽歟？是時四海分裂，不勝其暴，又豈皆然歟？是皆無所得而推歟？術者之言，不中者多，而中者少，而人特喜道其中者歟？〔一〕

〔一〕鏐世興滅，諸書皆同，蓋自唐乾寧二年爲鎮海、鎮東軍節度使兼有兩浙，至皇朝太平興國三年國除，凡八十四年。

校勘記

〔一〕悉召縣中賢豪爲會　「縣中」二字原闕，據宗文本補。

〔二〕若大衆至　「若」字原闕，據宗文本、經進東坡文集事略卷五五錢氏表忠觀碑注引五代史吳越世家補。

〔三〕皆曰　「皆」字原闕，據宗文本、經進東坡文集事略卷五五錢氏表忠觀碑注引五代史吳越世家補。

〔四〕竊敵軍號　「敵」，原作「取」，據宗文本改。吳越備史卷一敍其事作「竊賊號」。

〔五〕韓公玫　宗文本、新唐書卷一九〇劉漢宏傳、吳越備史（四部叢刊本）卷一作「韓公汶」。吳越備史卷一作「韓公玟」。

〔六〕武威軍　新唐書卷六八方鎮表五、通鑑卷二五九、吳越備史卷一作「武勝軍」。

〔七〕阮結　原作「陽結」，據宋丙本、宗文本改。按通鑑卷二五七有阮結。

〔八〕黄竭　新唐書卷二二五下董昌傳、通鑑卷二六〇、吳越備史卷一作「黄碣」。按新唐書卷一九三有黄碣傳。本卷下一處同。

〔九〕昌以錢二百萬犒軍　「二百萬」，新唐書卷二二五下董昌傳作「二百萬緡」。

〔一〇〕昌所用諸將徐珣湯臼袁邠等皆庸人　「等」字原闕，據宗文本補。按吴越備史卷一，董昌將尚有徐章、李元賓等。

〔一一〕今何面目復見之乎　「目」字原闕，據宗文本補。

〔一二〕王摶　原作「王溥」，據宗文本改。按新唐書卷一〇昭宗紀、卷六三宰相表下、卷一一六王摶傳、通鑑卷二六〇，越州置威勝軍，摶罷相出爲威勝軍節度使。

〔一三〕淮兵至　「淮兵」二字原闕，據宗文本補。吴越備史卷一敍其事云「綰必召田頵，頵來，淮南即興師矣」。

〔一四〕事必不濟　「必不」，原作「不必」，據宗文本、吴越備史卷一乙正。

〔一五〕陳章　通鑑卷二六七、吴越備史卷二作「陳璋」。按九國志卷一有陳璋傳。

〔一六〕何明　吴越備史卷一、通鑑卷二六七作「何朗」。

〔一七〕天下兵馬都元帥　吴越備史卷一同，舊五代史卷九梁末帝紀中、通鑑卷二七〇作「天下兵馬元帥」。

〔一八〕明宗初即位　「初」字原闕，據宗文本補。舊五代史卷一三三錢鏐傳敍其事作「明宗即位之初」。

〔一九〕字明寶　通曆卷一五、吴越備史卷二、九國志卷五同，全唐文卷八五九吴越文穆王錢元瓘碑銘云其「字文寶」。

〔三〇〕佐乃黜其大將章德安於明州　「明州」，吳越備史卷三、通鑑卷二八三作「處州」。

〔三一〕諸將皆吾家素畜養　「皆」字原闕，據宗文本補。

〔三二〕則諸案吏各持其簿列于庭　「吏」、「庭」，原作「史」、「廷」，據宗文本、續資治通鑑長編卷一九改。

〔三三〕已則以次唱而答之　「已則」二字原闕，據宗文本補。續資治通鑑長編卷一九敍其事作「答已，次吏復唱而答之」。

新五代史卷六十八

閩世家第八

王審知 子延翰　子鏻　鏻子繼鵬　延羲　延政

王審知，字信通，光州固始人也。父恁，世爲農。兄潮，爲縣史。

唐末羣盜起，壽州人王緒攻陷固始，緒聞潮兄弟材勇，召置軍中，以潮爲軍校。是時，蔡州秦宗權方募士以益兵，乃以緒爲光州刺史，召其兵會擊黄巢。緒遲留不行，宗權發兵攻緒。緒率衆南奔，所至剽掠，自南康入臨汀，陷漳浦，有衆數萬。緒性猜忌，部將有材能者，多因事殺之，潮頗自懼。軍次南安，潮説其前鋒將曰：「吾屬棄墳墓、妻子而爲盜者，爲緒所脅爾，豈其本心哉！今緒雄猜，將吏之材能者必死，吾屬不自保朝夕，况欲圖成事哉！」前鋒將大悟，與潮相持而泣。乃選壯士數十人，伏篁竹間，伺緒至，躍出擒之，囚之軍中。緒後自殺。

緒已見廢，前鋒將曰：「生我者潮也。」乃推潮爲主。是時，泉州刺史廖彦若爲政貪暴，泉人苦之，聞潮略地至其境，而軍行整肅，其耆老相率遮道留之，潮即引兵圍彦若，逾年克之。光啓二年，福建觀察使陳巖表潮泉州刺史。景福元年，巖卒，其壻范暉自稱留後〔一〕。潮遣審知攻暉，久不克，士卒傷死甚衆，審知請班師，潮不許。又請潮自臨軍，且益兵，潮報曰：「兵與將俱盡，吾當自往。」審知懼〔二〕，乃親督士卒攻破之，暉見殺。唐即以潮爲福建觀察使，潮以審知爲副使。

審知爲人狀皃雄偉，隆準方口，常乘白馬，軍中號「白馬三郎」。乾寧四年，潮卒，審知代立。唐以福州爲威武軍，拜審知節度使，累遷同中書門下平章事，封琅琊王。唐亡，梁太祖加拜審知中書令，封閩王，升福州爲大都督府。是時，楊行密據有江淮，審知歲遣使泛海〔三〕，自登、萊朝貢于梁，使者入海，覆溺常十三四。

審知雖起盜賊，而爲人儉約，好禮下士。王倓〔四〕，唐相摶之子〔五〕；楊沂，唐相涉從弟；徐寅，唐時知名進士，皆依審知仕宦。又建學四門，以教閩士之秀者。招來海中蠻夷商賈。海上黃崎，波濤爲阻，一夕風雨雷電震擊，開以爲港，閩人以爲審知德政所致，號爲甘棠港。

審知同光三年卒，年六十四，謚曰忠懿。子延翰立。

延翰，字子逸，審知長子也。同光四年，唐拜延翰節度使。是歲，莊宗遇弑，中國多故，延翰乃取司馬遷史記閩越王無諸傳示其將吏曰：「閩，自古王國也，吾今不王，何待之有？」於是軍府將吏上書勸進。十月，延翰建國稱王，而猶稟唐正朔。

延翰爲人長大，美皙如玉，其妻崔氏陋而淫，延翰不能制。審知喪未期，徹其几筵，又多選良家子爲妾。崔氏性妬，良家子之美者，輒幽之别室，繫以大械，刻木爲人手以擊頰，又以鐵錐刺之，一歲中死者八十四人。崔氏後病，見以爲祟而卒。

審知養子建州刺史延稟，本姓周氏，自審知時與延翰不叶。延翰立，以其弟延鈞爲泉州刺史，延鈞怒。二人因謀作亂。十二月，延稟、延鈞皆以兵入，執延翰殺之。而延鈞立，更名鏻。

鏻，審知次子也。唐即拜鏻節度使，累加檢校太師、中書令，封閩王。

初，延稟與鏻之謀殺延翰也，延稟之兵先至，已執延翰而殺之，明日鏻兵始至，延稟自以養子，推鏻而立之。延稟還建州，鏻餞于郊，延稟臨訣謂鏻曰：「善繼先志，毋煩老兄復來！」鏻銜之。長興二年，延稟率兵擊鏻，攻其西門，使其子繼雄轉海攻其南門〔六〕，鏻遣王仁達拒之。仁達伏甲舟中，僞立白幟請降，繼雄信之，登舟，伏兵發，刺殺之，梟其首西門，其兵見之皆潰去，延稟見執。鏻誚之曰：「予不能繼先志，果煩老兄復來。」延稟不能對，遂殺之。延稟子繼昇守建州，聞敗，奔于錢塘。

長興三年，鏻上書言：「楚王馬殷、吴越王錢鏐皆爲尚書令，今皆已薨，請授臣尚書令。」唐不報，鏻遂絶朝貢。

鏻好鬼神道家之説，道士陳守元以左道見信，建寶皇宫以居之。守元謂鏻曰：「寶皇命王少避其位，後當爲六十年天子。」鏻欣然遜位，命其子繼鵬權主府事。既而復位，遣守元問寶皇：「六十年後將安歸？」守元傳寶皇語曰：「六十年後，當爲大羅仙人。」鏻乃即皇帝位，受册於寶皇，以黄龍見真封宅，改元爲龍啓，國號閩。追謚審知爲昭武孝皇帝〔七〕，廟號太祖，立五廟，置百官，以福州爲長樂府〔八〕。而閩地狹，國用不足，以中軍使薛文傑爲國計使。文傑多察民間陰事，致富人以罪，而籍没其貲以佐用，閩人皆怨。又薦妖巫徐彦，曰：「陛下左右多姦臣，不質諸鬼神，將爲亂。」鏻使彦視鬼於宫中。

文傑與内樞密使吴英有隙〔九〕，英病在告，文傑謂英曰：「上以公居近密，而屢以疾告，將罷公。」英曰：「奈何？」文傑因教英曰：「即上遣人問公疾，當言『頭痛而已，無佗苦也』。」英以爲然。明日，諷鏻使巫視英疾，巫言：「入北廟，見英爲崇順王所訊，曰：『汝何敢謀反？』以金槌擊其首。」鏻以語文傑，文傑曰：「未可信也，宜問其疾如何。」鏻遣人問之，英曰：「頭痛。」鏻以爲然，即以英下獄，命文傑劾之，英自誣伏，見殺。英嘗主閩兵，得其軍士心，軍士聞英死，皆怒。是歲，吴人攻建州，鏻遣其將王延宗救之，兵士在道不肯進，曰：「得文傑乃進。」鏻惜之不與，其子繼鵬請與之以紓難，乃以檻車送文傑軍中。文傑善數術，自占云：「過三日可無患。」送者聞之，疾馳二日而至，軍士踴躍，磔文傑於市，閩人爭以瓦石投之，臠食立盡。明日，鏻使者至，赦之，已不及。初，文傑爲鏻造檻車，以謂古制疏闊，乃更其制，令上下通，中以鐵芒内嚮，動輒觸之，既成，首被其毒。

龍啓三年，改元永和。王仁達爲鏻殺延禀有功，而典親兵，鏻心忌之，嘗問仁達曰：「趙高指鹿爲馬，以愚二世，果有之邪？」仁達曰：「秦二世愚，故高指鹿爲馬，非高能愚二世也。今陛下聰明，朝廷官不滿百，起居動静，陛下皆知之，敢有作威福者，族滅之而已。」鏻慚，賜與金帛慰安之。退而謂人曰：「仁達智略，在吾世猶可用〔一〕，不可遺後世患。」卒誣以罪殺之。

鏻妻早卒，繼室金氏賢而不見答。審知婢金鳳，姓陳氏，鏻嬖之，遂立以爲后。初，鏻有嬖吏歸守明者，以色見倖，號歸郎，鏻後得風疾，陳氏與歸郎奸。又有百工院使李可殷，因歸郎以通陳氏。鏻命錦工作九龍帳，國人歌曰：「誰謂九龍帳，惟貯一歸郎。」鏻婢春鷰有色，其子繼鵬蒸之，鏻已病，繼鵬因陳氏以求春鷰，鏻怏怏與之。其次子繼韜怒，謀殺繼鵬，繼鵬懼，與皇城使李倣圖之。是歲十月，鏻饗軍于大酺殿，坐中昏然，言見延稟來，倣以爲鏻病已甚，乃令壯士先殺李可殷于家。明日晨朝，鏻無恙，問倣殺可殷何罪，倣懼而出，與繼鵬率皇城衞士而入。鏻聞鼓噪聲，走匿九龍帳中，衞士刺之不殂，宫人不忍其苦，爲絶之。繼韜及陳后、歸郎皆爲倣所殺。鏻立十年見殺，謚曰惠皇帝〔一一〕，廟號太宗〔一二〕。

繼鵬，鏻長子也〔一三〕。既立，更名昶，改元通文，以李倣判六軍諸衞事。倣有弑君之罪，既立昶，而心常自疑，多養死士以爲備。昶患之，因大享軍，伏甲擒倣殺之，梟其首于市。倣部曲千人叛，燒啓聖門，奪倣首，奔於錢塘。

晉天福二年，昶遣使朝貢京師，高祖遣散騎常侍盧損册昶閩王，拜其子繼恭臨海郡王〔一四〕。損至閩，昶稱疾不見，令繼恭主之，又遣中書舍人劉乙勞損于館，乙衣冠偉然，騶僮甚盛。佗日損遇乙于塗，布衣芒屩而已，損使人誚之曰：「鳳閣舍人，何偪下之甚也！」乙羞媿，以手掩面而走。昶聞之，怒損侵辱之，損還，昶無所答。而其子繼恭遣其佐鄭元弼隨損至京師貢方物，致書晉大臣，述昶意，求以敵國禮相往來。高祖怒其不遜，下詔暴其罪，歸其貢物不納。兵部員外郎李知損上書請籍沒其物而禁錮使者，於是以元弼下獄。獄具引見，元弼俯伏曰：「昶，夷貊之君，不知禮義，陛下方示大信，以來遠人，臣將命無狀，願伏斧鑕，以贖昶罪。」高祖乃赦元弼，遣歸。

昶亦好巫，拜道士譚紫霄爲正一先生，又拜陳守元爲天師，而妖人林興以巫見幸，事無大小，興輒以寶皇語命之而後行。守元教昶起三清臺三層，以黄金數千斤鑄寶皇及元始天尊、太上老君像，日焚龍腦、薰陸諸香數斤，作樂于臺下，晝夜聲不輟，云如此可求大還丹。三年夏，虹見其宮中，林興傳神言：「此宗室將爲亂之兆也。」乃命興率壯士殺審知子延武、延望及其子五人。後興事敗，亦被殺。而昶愈惑亂，立父婢春鷰爲淑妃，後立以爲皇后。又遣醫人陳究以空名堂牒賣官。

昶弟繼嚴判六軍諸衞事〔一五〕，昶疑而罷之，代以季弟繼鏞，而募勇士爲宸衞都以自衞，其賜予給賞，獨厚於佗軍。控鶴都將連重遇、拱宸都將朱文進皆以此怨激其軍。是歲夏，術者言昶宮中當有災，昶徙南宮避災，而宮中火，昶疑重遇軍士縱火。內學士陳郯素以便佞爲昶所親信，昶以火事語之，郯反以告重遇。重遇懼，夜率衞士縱火焚南宮，昶挾愛姬、子弟、黄門衞士斬關而出，宿于野次。

重遇迎延羲立之。延羲令其子繼業率兵襲昶〔一六〕，及之，射殺數人。昶知不免，擲弓于地，繼業執而殺之，及其妻子皆死無遺類。延羲立，謚昶曰康宗。

延羲，審知少子也。既立，更名曦，遣使者朝貢于晉，改元永隆。鑄大鐵錢，以一當十。曦自昶世倔彊難制，昶相王倓每抑折之，曦亦憚倓，不敢有所發。新羅遣使聘閩以寶劍，昶舉以示倓曰：「此將何爲？」倓曰：「不忠不孝者，斬之。」曦居旁色變。曦既立，而新羅復獻劍，曦思倓前言，而倓已死，命發冢戮其尸，倓面如生，血流被體。

泉州刺史余廷英嘗矯曦命掠取良家子，曦怒，召下御史劾之。廷英進買宴錢千萬，曦曰：「皇后土貢何在？」廷英又獻皇后錢千萬，乃得不劾。曦嘗嫁女，朝士有不賀者笞之。御史中丞劉贊坐不糾舉，將加笞，諫議大夫鄭元弼切諫，曦謂元弼曰：「卿何如魏鄭公，乃敢彊諫！」元弼曰：「陛下似唐太宗，臣爲魏鄭公可矣。」曦喜，乃釋贊不笞。

曦弟延政爲建州節度使，封富沙王，自曦立，不叶，數舉兵相攻，曦由此惡其宗室，多以事誅之。諫議大夫黄峻舁櫬詣朝堂極諫，曦怒，貶峻漳州司户參軍。校書郎陳光逸上書疏曦過惡五十餘事，曦命衞士鞭之百而不死，以繩係頸，掛于木，久而乃絶。國計使陳匡範增算商之法以獻，曦曰：「匡範，人中寶也。」已而歲入不登其數，乃借於民以足之，匡範以憂死。其後知其借於民也，剖棺斷尸，棄之水中。

曦性既淫虐，而妻李氏悍而酗酒，賢妃尚氏有色而寵。李仁遇，曦甥也，以色嬖之，用以爲相。曦常爲牛飲，羣臣侍酒，醉而不勝，有訴及私棄酒者輒殺之。諸子繼柔棄酒，并殺其贊者一人。連重遇殺昶，懼爲國人所討，與朱文進連姻以自固。曦心疑之，常以語誚重遇等，重遇等流涕自辨。李氏妬尚妃之寵，欲圖曦而立其子亞澄，乃使人謂重遇等曰：「上心不平於二公，奈何？」重遇等懼。六年三月，曦出遊，醉歸，重遇等遣壯士拉於馬上而殺之，謚曰景宗。

延政，審知子也。曦立，爲淫虐，延政數貽書諫之。曦怒，遣杜建崇監其軍，延政逐之，曦乃舉兵攻延政，爲延政所敗。延政乃以建州建國稱殷，改元天德。

明年，連重遇已殺曦，集閩羣臣告曰：「昔太祖武皇帝親冒矢石，遂啓有閩，及其子孫，淫虐不道。今天厭王氏，百姓與能，當求有德，以安此土。」羣臣皆莫敢議，乃掖朱文進升殿，率百官北面而臣之。文進以重遇判六軍諸衞事，王氏子弟在福州者無少長皆殺之。以黄紹頗守泉州、程贇守漳州、許文縝守汀州，稱晉年號，時開運元年也。泉州軍將留從効詐其州人曰：「富沙王兵收福州矣，吾屬世爲王氏臣，安能交臂而事賊乎！」州人共殺紹頗，迎王繼勳爲刺史，漳州聞之，亦殺贇，迎王繼成爲刺史，皆王氏之諸子也。文縝懼，以汀州降于延政。延政已得三州，重遇亦殺文進，傳首建州以自歸。福州裨將林仁翰又殺重遇，謀迎延政都福州。

是時，南唐李景聞閩亂，發兵攻之，延政遣其從子繼昌守福州，而南唐兵方急攻延政，福州將李仁達謂其徒曰：「唐兵攻建州，富沙王不能自保，其能有此土也？」乃擒繼昌殺之。欲自立，懼衆不附，以雪峯寺僧卓儼明示衆曰〔一七〕：「此非常人也。」被以衮冕，率諸將吏北面而臣之。已而又殺儼明，乃自立，送款于李景，景以仁達爲威武軍節度使，更其名曰弘義。而景兵攻破建州，遷延政族於金陵，封鄱陽王。是歲，景保大四年也。

留從効聞延政降唐，執王繼勳送于金陵。李景以泉州爲清源軍，以從効爲節度使。景已破延政，遣人召李仁達入朝，仁達不從，遂降于吳越。而留從効亦逐景守兵，據泉、漳二州，景猶封從効晉江王。周世宗時，從効遣牙將蔡仲興爲商人〔一八〕，間道至京師，求置邸内屬。是時，世宗與李景畫江爲界，遂不納，從効仍臣于南唐。其後事具國史。〔一〕

〔一〕晉開運三年丙午，南唐保大四年也。是歲，李景兵破建州，王氏滅。江南録云保大三年，虜王氏之族，遷于金陵，謬也。據王潮實以唐景福元年入福州，拜觀察使，而後人紀録者，乃用「騎馬來、騎馬去」之讖以爲據，遂以王潮光啓二年歲在丙午拜泉州刺史爲始年，至保大四年，歲復在丙午而滅，故爲六十一年。然其奄有閩國，則當自景福元年爲始，實五十五年也。今諸家記其國滅丙午是也。其始年則牽於讖書，繆矣。惟江南録又差其末年也。

校勘記

〔一〕其壻范暉自稱留後　「壻」，新唐書卷一九〇王潮傳、舊五代史卷一三四王審知傳同，通鑑卷二五八作「妻弟」，通鑑考異：「薛史、閩中録、閩書皆云范暉，巖壻，餘書皆云妻弟。林仁志王氏啓運圖載監軍程克諭表云妻弟，此最得實，今從之。」陳巖墓誌（拓片刊隋唐五代墓誌匯編北京大學卷第二册）：「夫人錢塘范氏。」

〔二〕審知懼　「懼」字原闕，據宗文本、通鑑卷二五九補。

〔三〕審知歲遣使泛海　「遣」字原闕，據宋丙本、宗文本、馬令南唐書卷二八補。

〔四〕王倓　原作「王淡」，據馬令南唐書卷二八及本卷下文改。四庫全書考證卷二八：「按馬氏南唐書『淡』作『倓』，此後延羲世家中有昶相王倓，此『淡』字當是『倓』字之誤。」王審知墓誌（拓片刊文物一九九一年第五期）書丹者署前守河南府文學王倓，即其人。

〔五〕唐相摶之子　「摶」，原作「溥」，據宗文本改。按新唐書卷一〇昭宗紀、卷六三宰相表下、卷一一六王摶傳皆記王摶相昭宗。另新唐書卷七二中宰相世系表二中載王摶（「摶」原訛「摶」，趙超新唐書宰相世系表集校已校正）王倓爲父子。

〔六〕使其子繼雄轉海攻其南門　「南門」，通鑑卷二七七敍其事作「東門」。

〔七〕追謚審知爲昭武孝皇帝　「孝」字原闕，據宋丙本、宗文本、九國志卷一〇、馬令南唐書卷二八補。

〔八〕以福州爲長樂府　「福」字原闕，據宗文本、通鑑卷二七八補。

〔九〕吴英　通鑑卷二七八作「吴勗」。本卷下文同。

〔一〇〕在吾世猶可用　「猶」字原闕，據宗文本、通鑑卷二七八、九國志卷一〇補。

〔一一〕謚曰惠皇帝　「惠皇帝」，通鑑卷二七九、九國志卷一〇作「齊肅明孝皇帝」。

〔一二〕廟號太宗　「太宗」，通鑑卷二七九、五國故事卷下、九國志卷一〇作「惠宗」。

〔一三〕繼鵬鏻長子也　王延鈞妻劉華墓誌（拓片刊文物一九七五年第一期）記其四子：長繼嚴、次繼鵬、次繼韜、次繼恭。繼鵬爲延鈞次子。

〔一四〕拜其子繼恭臨海郡王　舊五代史卷一三四王審知傳、册府卷二三二同，通鑑卷二八一云繼恭係其弟。按劉華墓誌記繼恭爲繼鵬弟。

〔一五〕昶弟繼嚴判六軍諸衞事　劉華墓誌記繼嚴爲繼鵬兄。

〔一六〕延義令其子繼業率兵襲昶　通鑑卷二八二記繼業爲延義兄子。

〔一七〕卓儼明　通鑑卷二八四作「卓巖明」，通鑑考異：「閩録、啓運圖、啓國實録、江南録作『巖明』，閩中實録、閩王列傳、九國志、薛史、唐餘録、王審知傳、吴越備史作『儼明』。按啓運圖，巖明本名偃，爲僧，名體明，即位改巖明。今從之。」本卷下文同。

〔一八〕蔡仲興　册府卷一六七、九國志卷一〇同，册府卷二三二、通鑑卷二九四、宋史卷四八三留從効傳作「蔡仲賛」。

新五代史卷六十九

南平世家第九

高季興 子從誨　從誨子保融　保勗　保融子繼沖

高季興，字貽孫，陝州硤石人也。本名季昌，避後唐獻祖廟諱，更名季興。季興少爲汴州富人李讓家僮。梁太祖初鎮宣武，讓以入貲得幸，養爲子，易其姓名曰朱友讓。季興以友讓故得進見，太祖奇其材，命友讓以子畜之，因冒姓朱氏，補制勝軍使，遷毅勇指揮使。

天復二年〔一〕，梁兵攻鳳翔，李茂貞堅壁不出，太祖議欲收軍還河中，季興獨進曰：「天下豪傑窺此舉者一歲矣，今岐人已憊，破在旦夕，而大王之所慮者，閉壁以老我師，此可以誘致之也。」太祖壯其言，命季興募勇敢士，得騎士馬景，季興授以計，引見太祖。景曰：「此行無還理，願録其後嗣。」太祖惻然止之，景固請，乃行。景以數騎馳叩城門告曰：「梁兵將東，前鋒去矣。」岐人以爲然，開門出追梁軍，梁兵隨景後以進，殺其九千餘人，景死之。茂貞後與梁和，昭宗出，贈景官，謚曰忠壯。季興由是知名。明年，拜宋州刺史。從破青州，徙潁州防禦使，復姓高氏。

當唐之末，襄州趙匡凝襲破雷彦恭于荆南，以其弟匡明爲留後。梁兵攻破襄州，匡凝奔于吴，匡明奔于蜀，乃以季興爲荆南節度觀察留後。開平元年，拜季興節度使。二年，加同中書門下平章事。荆南節度十州，當唐之末，爲諸道所侵，季興始至，江陵一城而已，兵火之後，井邑凋零。季興招緝綏撫，人士歸之，乃以倪可福、鮑唐爲將帥，梁震、司空薰、王保義等爲賓客。

太祖崩，季興見梁日以衰弱，乃謀阻兵自固，治城隍，設樓櫓。以兵攻歸、峽，爲蜀將王宗壽所敗。又發兵聲言助梁擊晉，以侵襄州，爲孔勍所敗，乃絶貢賦累年。梁末帝優容之，封季興渤海王，賜以衮冕劍佩。貞明三年，始復脩貢。

梁亡，唐莊宗入洛，下詔慰諭季興，司空薰等皆勸季興入朝京師，梁震以爲不可，曰：「梁、唐世爲仇敵，夾河血戰垂二十年，今主上新滅梁，而大王梁室故臣，握彊兵，居重鎮，以身入朝，行爲虜爾。」季興不聽，留其二子，以騎士三百爲衞，朝于洛陽。莊宗果欲留之，郭崇韜諫曰：「唐新滅梁得天下，方以大信示人，今四方諸侯相繼入貢，不過遣子弟將吏，而季興以身述職，爲諸侯率，宜加恩禮，以諷動來者。而反縻之，示天下以不廣，且絶四方内向之意，不可。」莊宗乃止，厚禮而遣之。莊宗嘗問季興曰：「吾已滅梁，欲征吴、蜀，何者爲先？」季興曰：「宜先蜀，臣請以本道兵先進。」莊宗大悦，以手拊其背，季興因命工繡其手迹於衣，歸以爲榮耀。季興已去，莊宗心悔遣之，密詔襄州劉訓圖之。季興行至襄州，心動，夜斬關而出，已去，而詔書夜至。季興歸而謂梁震曰：「不聽子言，幾不免。」因曰：「吾行有二失：來朝一失，放還一失。且主上百戰以取河南，對功臣誇手抄春秋；又曰：『我於手指上得天下。』其自矜伐如此。而荒于遊畋，政事多廢，吾可無慮矣。」同光三年，封南平王。魏王繼岌已破蜀，得蜀金帛四十餘萬，自峽而下，而莊宗之難作。季興聞京師有變，乃悉邀留蜀物，而殺其使者韓珙等十餘人。

初，唐兵伐蜀，季興請以本道兵自取夔、忠、萬、歸、峽等州，乃以季興爲峽路東南面招討使，而季興未嘗出兵。魏王已破蜀，而明宗入立，季興因請夔、忠等州爲屬郡，唐大臣以爲季興請自取之，而兵出無功，不與。季興屢請，雖不得已而與之，而唐猶自除刺史，季興拒而不納。明宗乃以襄州劉訓爲招討使，攻之不克，而唐别將西方鄴克其夔、忠、萬三州，季興遂以荆、歸、峽三州臣于吴，吴册季興秦王。

天成三年冬卒，年七十一，謚曰武信。季興子九人，長子從誨立。

從誨，字遵聖。季興時，入梁爲供奉官，累遷鞍轡庫使〔二〕，賜告歸寧，季興遂留爲馬步軍都指揮使、行軍司馬。季興卒，吳以從誨爲荆南節度使。從誨以父自絶于唐，懼復見討，乃遣使者聘于楚，楚王馬殷爲之請命于唐，而從誨亦遣押衙劉知謙奉表自歸，進贖罪銀三千兩，明宗納之。長興元年正月，拜從誨節度使，追封季興楚王，謚曰武信。三年，封從誨渤海王。應順元年，封南平王。

從誨爲人明敏，多權詐。晉高祖遣翰林學士陶穀爲從誨生辰國信使，從誨宴穀望沙樓，大陳戰艦于樓下，謂穀曰：「吳、蜀不賓久矣，願脩武備，習水戰，以待師期。」穀還，具道其語，晉高祖大喜，復遣使賜以甲馬百匹。襄州安從進反，結從誨爲援，從誨外爲拒絶，陰與之通。晉師致討，從誨遣將李端以舟師爲應，從進誅，從誨求郢州爲屬郡，高祖不許。

契丹滅晉，漢高祖起太原，從誨遣人間道奉表勸進，且言漢得天下，願乞郢州爲屬，漢高祖陽諾之。高祖入汴，從誨遣使朝貢，因求郢州，高祖不與。從誨怒，發兵攻郢州，爲刺史尹實所敗。漢遣國子祭酒田敏使于楚，假道荆南。從誨問敏中國虛實，以爲契丹之後，兵食皆殫，意欲以誚敏。敏爲言：「杜重威悉以晉戈甲降虜，虜置之鎮州，未嘗以北，而晉兵皆漢有也。」從誨不悦。敏以印本五經遺從誨，從誨謝曰：「予之所識不過孝經十八章爾。」敏曰：「至德要道，於此足矣。」敏因誦諸侯章曰：「在上不驕，高而不危，制節謹度，滿而不溢。」從誨以爲譏己，即以大卮罰敏。

荆南地狹兵弱，介於吴、楚爲小國。自吴稱帝，而南漢、閩、楚皆奉梁正朔，歲時貢奉，皆假道荆南。季興、從誨常邀留其使者，掠取其物，而諸道以書責誚，或發兵加討，即復還之而無媿。其後南漢與閩、蜀皆稱帝，從誨所嚮稱臣，蓋利其賜予。俚俗語謂奪攘苟得無媿恥者爲「賴子」，猶言無賴也，故諸國皆目爲「高賴子」。

從誨自求郢州不得，遂自絶於漢。逾年，復通朝貢。乾祐元年十月卒，年五十八，贈尚書令，謚曰文獻。子保融立。從誨十五子，長曰保勳，次保正，保融第三子也，不知其得立之因。

保融，字德長。從誨時，爲節度副使、兼峽州刺史。從誨卒，拜節度使。廣順元年，封渤海郡王。顯德元年，進封南平王。世宗征淮，保融遣指揮使魏璘率兵三千，出夏口以爲應，又遣客將劉扶奉牋南唐，勸其内附。李景稱臣，世宗得保融所與牋，大喜，賜以絹萬匹〔三〕。荆南自後唐以來，常數歲一貢京師，而中間兩絶。及世宗時，無歲不貢矣。保融以謂器械金帛，皆土地常產，不足以效誠節，乃遣其弟保紳來朝，世宗益嘉之。

初，季興之鎮，梁以兵五千爲牙兵，衣食皆給於梁。至明宗時，歲給以鹽萬三千石，後不復給。及世宗平淮，故命泰州給之。

保融性迂緩，無材能，而事無大小，皆委其弟保勗。其從叔從義謀爲亂，爲其徒高知訓所告，徙之松滋而殺之。宋興，保融懼，一歲之間三入貢。建隆元年，以疾卒，年四十一，贈太尉，謚曰貞懿。弟保勗立。

保勗，字省躬，從誨第十子也。保融卒，拜節度使。三年，保勗疾，謂其將梁延嗣曰：「我疾遂不起，兄弟孰可付之後事者？」延嗣曰：「公不念貞懿王乎？先王寢疾，以軍府付公，今先王子繼沖長矣。」保勗曰：「子言是也。」即以繼沖判內外兵馬。十一月，保勗卒，年三十九，贈侍中。保融之子繼沖立。

繼沖，字成和。保勗卒，拜節度使。

湖南周行逢卒，子保權立，其將張文表作亂，建隆四年，太祖命慕容延釗等討之。延釗假道荆南，約以兵過城外。繼沖大將李景威曰：「兵尚權譎，城外之約，不可信也〔四〕。

宜嚴兵以待之！」判官孫光憲叱之曰：「汝峽江一民爾，安識成敗！且中國自周世宗時，已有混一天下之志，況聖宋受命，真主出邪，王師豈易當也！」因勸繼沖去斥候，封府庫以待，繼沖以爲然。景威出而歎曰：「吾言不用，大事去矣，何用生爲！」因扼吭而死。延釗軍至，繼沖出逆于郊，而前鋒遽入其城。繼沖亟歸，見旌旗甲馬，布列衢巷，大懼，即詣延釗納牌印，太祖優詔復命繼沖爲節度使。

乾德元年，有事于南郊，繼沖上書願陪祠。九月，具文告三廟，率其將吏、宗族五百餘人朝于京師，拜武寧軍節度使以卒。光憲拜黄州刺史，其後事具國史。【一】

【一】季興興滅年世甚明，諸書皆同，蓋自梁開平元年鎮荆南，至皇朝乾德元年國除，凡五十七年。

校勘記

〔一〕天復二年　「天復」，原作「天福」，據宗文本、舊五代史卷一三三高季興傳改。

〔二〕鞍轡庫使　舊五代史卷一三三高從誨傳作「鞍轡庫副使」。

〔三〕賜以絹萬匹　「萬」，原作「百」，據宋丙本、宗文本、通鑑卷二九四、宋史卷四八三荆南高氏世家改。

〔四〕不可信也　宗文本作「其可信乎」，東都事略卷二四敍其事作「可信乎」。

新五代史卷七十

東漢世家第十

劉旻 子承鈞 承鈞子繼恩 繼元

劉旻，漢高祖母弟也〔一〕。初名崇，爲人美鬚髯，目重瞳子。少無賴，嗜酒好博，嘗黥爲卒。高祖事晉爲河東節度使，以旻爲都指揮使。高祖即帝位，以爲太原尹、北京留守、同中書門下平章事。隱帝時，累加中書令。

隱帝少，政在大臣，周太祖爲樞密使，新討三叛，立大功，而與旻素有隙，旻頗不自安，謂判官鄭珙曰：「主上幼弱，政在權臣，而吾與郭公不叶，時事如何？」珙曰：「漢政將亂矣！晉陽兵雄天下，而地形險固，十州征賦足以自給。公爲宗室老〔二〕，不以此時爲計，後必爲人所制。」旻曰：「子言乃吾意也。」乃罷上供征賦，收豪傑，籍丁民以益兵。三年，周太祖起魏，隱帝遇弑，旻乃謀舉兵。

周太祖之自魏入也，反狀已白，而漢大臣不即推尊之，故未敢即立，乃白漢太后，立旻子贇爲漢嗣，遣宰相馮道迎贇于徐州。當是時，人皆知太祖之非實意也，旻獨喜曰：「吾兒爲帝矣，何患！」乃罷兵，遣人至京師。周太祖少賤，黥其頸上爲飛雀，世謂之「郭雀兒」。太祖見旻使者，具道所以立贇之意，因自指其頸以示使者曰：「自古豈有雕青天子？幸公無以我爲疑。」旻喜，益信以爲然。太原少尹李驤曰：「郭公舉兵犯順，其勢不能爲漢臣，必不爲劉氏立後。」因勸旻以兵下太行，控孟津以俟變，庶幾贇得立，贇立而罷兵可也。旻大罵曰：「驤腐儒，欲離間我父子！」命左右牽出斬之。驤臨刑歎曰：「吾爲愚人畫計，死誠宜矣！然吾妻病，不可獨存，願與之俱死。」旻聞之，即并戮其妻于市，以其事白漢，以明無佗。已而周太祖果代漢，降封贇湘陰公。旻遣牙將李𧦬奉書周太祖，求贇歸太原，而贇已死。旻慟哭，爲李驤立祠，歲時祠之。

乃以周廣順元年正月戊寅即皇帝位于太原，以子承鈞爲太原尹，判官鄭珙、趙華爲宰相，都押衙陳光裕爲宣徽使，遣通事舍人李𧦬間行使于契丹。契丹永康王兀欲與旻約爲父子之國，旻乃遣宰相鄭珙致書兀欲，稱姪皇帝，以叔父事之而已。兀欲遣燕王述軋、政事令高勳以册尊旻爲大漢神武皇帝，并册旻妻爲皇后。兀欲性豪儁，漢使者至，輒以酒肉困之，珙素有疾，兀欲彊之飲，一夕而以醉卒。然兀欲聞旻自立，頗幸中國多故，乃遣其貴臣述軋、高勳以自愛黄騮、九龍十二稻玉帶報聘。

已而兀欲爲述軋所弑，述律代立。旻遣樞密直學士王得中聘于述律，求兵以攻周。述律遣蕭禹厥率兵五萬助旻。旻出陰地攻晉州，爲王峻所敗。是歲大寒，旻軍凍餒，亡失過半。明年，又攻府州，爲折德扆所敗，德扆因取岢嵐軍。

周太祖崩，旻聞之喜，遣使乞兵于契丹。契丹遣楊衮將鐵馬萬騎及奚諸部兵五六萬人，號稱十萬以助旻。旻以張元徽爲先鋒，自將騎兵三萬攻潞州。潞州李筠遣穆令鈞以步騎二千拒元徽于太平驛[三]，元徽擊敗之，遂圍潞州。

是時，世宗新即位，以謂旻幸周有大喪，而天子新立，必不能出兵，宜自將以擊其不意。自宰相馮道等多言不可，世宗意甚鋭。顯德元年三月親征，甲午，戰于高平，李重進、白重贊將左，樊愛能、何徽將右，向訓、史彦超居中軍，張永德以禁兵衞蹕。旻亦列爲三陣：張元徽居東偏，楊衮居西偏，旻居其中。衮望周師謂旻曰：「勍敵也，未可輕動！」旻奮髯曰：「時不可失，無妄言也！」衮怒而去。旻號令東偏先進，王得中叩馬諫曰：「南風甚急，非北軍之利也，宜少待之。」旻怒曰：「老措大，毋妄沮吾軍！」即麾元徽，元徽擊周右軍，兵始交，愛能、徽退走，其騎軍亂，步卒數千棄甲叛降元徽，呼萬歲聲振川谷。世宗大駭，躬督戰士，士皆奮命爭先，而風勢愈盛，旻自麾赤幟收軍，軍不可遏，旻遂敗。日暮，旻收餘兵萬人阻澗而止。

是時，周之後軍，劉詞將之，在後未至，而世宗鋭於速戰，戰已勝，詞軍繼至，因乘勝追擊之，旻又大敗，輜重器甲、乘輿服御物皆爲周師所獲。旻獨乘契丹黄騮，自鵰窠嶺間道馳去，夜失道山谷間，得村民爲鄉導，誤趨平陽，得佗道以歸，而張元徽戰歿于陣。楊衮怒旻，按兵西偏不戰，故獨全軍而返。旻歸，爲黄騮治厩，飾以金銀，食以三品料，號「自在將軍」。

世宗休軍潞州，大宴將士，斬敗將樊愛能、何徽等七十餘人，軍威大振。進攻太原，遣符彦卿、史彦超北控忻口，以斷契丹援路。太原城方四十里，周師去城三百步，圍之匝，自四月至於六月，攻之不克，而彦卿等爲契丹所敗，彦超戰歿，世宗遽班師。

初，周師之圍城也〔四〕，旻遣王得中送楊衮以歸，因乞援兵於契丹，契丹發數萬騎助旻，遣得中先還。至代州，代州將桑珪殺防禦使鄭處謙，以城降周，并送得中于周。世宗召問得中虜助兵多少，得中言送衮歸，無所求也，世宗信之。已而契丹敗符彦卿於忻口，得中遂見殺。

旻自敗於高平，已而被圍，以憂得疾。明年十一月卒〔五〕，年六十。子承鈞立。

承鈞，旻次子也。少頗好學，工書。旻卒，承鈞遣人奉表契丹，自稱男。述律答之以詔，呼承鈞爲兒，許其嗣位。初，旻常謂張元徽等曰：「吾以高祖之業、贇之冤，義不爲郭公屈爾，期與公等勉力以復家國之讎。至於稱帝一方，豈獲已也，顧我是何天子，爾亦是何節度使？」故其僭號仍稱乾祐，不改元，不立宗廟，四時之祭，用家人禮。承鈞既立，始赦境内，改乾祐十年曰天會元年，立七廟於顯聖宮。

契丹遣高勳以兵助承鈞〔六〕，承鈞遣李存瓌與勳攻上黨，無所得而還。明年，世宗北伐契丹，下三關，契丹使來告急，承鈞將發兵，而世宗班師，乃已。

宋興，昭義節度使李筠叛命，遣其將劉繼沖、判官孫孚奉表稱臣，執其監軍周光遜、李廷玉送于太原，乞兵爲援。承鈞欲謀於契丹，繼沖道筠意，請無用契丹兵。承鈞即率其國兵自將出團柏谷，羣臣餞之汾水。僕射趙華曰：「李筠舉事輕易，陛下不圖成敗，空國興師，臣實憂之。」承鈞至太平驛，封筠隴西郡王。筠見承鈞儀衛不備，非如王者，悔臣之，筠因自陳受周氏恩，不忍背德。而承鈞與周世仇也，聞筠言亦不悦。遣宣徽使盧贊監其軍，筠心益不平，與贊多不叶，承鈞遣宰相衛融和解之。

已而筠敗死，衛融被執至京師，太祖皇帝問融承鈞所以助筠反狀，融言不遜，太祖命以鐵檛擊其首，流血被面，融呼曰：「臣得死所矣！」太祖顧左右曰：「此忠臣也。」釋之，命以良藥傅其瘡。遣融致書于承鈞，求周光遜等，約亦歸融太原，承鈞不報，融遂留京師。承鈞謂趙華曰：「不聽公言，幾至於敗。然失衛融、盧贊，吾以爲恨爾。」

承鈞由此益重儒者，以抱腹山人郭無爲參議國政。無爲，棣州人，方顙鳥喙，好學多聞，善談辯，嘗衣褐爲道士，居武當山。周太祖討李守貞于河中，無爲詣軍門上謁，詢以當世之務，太祖奇之。或謂太祖曰：「公爲漢大臣，握重兵居外，而延縱橫之士，非所以防微慮遠之道也。」由是太祖不納，無爲去，隱抱腹山。承鈞内樞密使段常識之，薦其材，承鈞以諫議大夫召之，遂以爲相。五年，宿衛殿直行首王隱、劉紹〔七〕、趙鸞等謀作亂〔八〕，事覺被誅，其詞連段常，乃罷常樞密爲汾州刺史，縊殺之。

自旻世凡舉事必禀契丹，而承鈞之立多略。契丹遣使者責承鈞改元、援李筠、殺段常不以告，承鈞惶恐謝罪。使者至契丹輒見留，承鈞奉之愈謹，而契丹待承鈞益薄。承鈞自李筠敗而失契丹之援，無復南侵之意，地狹産薄，以歲輸契丹，故國用日削，乃拜五臺山僧繼顒爲鴻臚卿。

繼顒，故燕王劉守光之子，守光之死，以孽子得不殺，削髮爲浮圖，後居五臺山，爲人多智，善商財利，自旻世頗以賴之。繼顒能講華嚴經，四方供施，多積畜以佐國用。五臺當契丹界上，繼顒常得其馬以獻，號「添都馬」，歲率數百匹。又於柏谷置銀冶，募民鑿山取鑛，烹銀以輸，劉氏仰以足用，即其冶建寶興軍。繼顒後累官至太師、中書令，以老病卒，追封定王。

太祖皇帝嘗因界上諜者謂承鈞曰：「君家與周氏爲世讎，宜其不屈，今我與爾無所間，何爲困此一方之人也？若有志於中國，宜下太行以決勝負。」承鈞遣諜者復命曰：「河東土地兵甲，不足以當中國之十一，然承鈞家世非叛者，區區守此，蓋懼漢氏之不血食也。」太祖哀其言，笑謂諜者曰：「爲我語承鈞，開爾一路以爲生。」故終其世不加兵。

承鈞立十三年病卒，其養子繼恩立。

繼恩，本姓薛氏，父釗爲卒，旻以女妻之，生繼恩。漢高祖以釗壻也，除其軍籍，置之門下。釗無材能，高祖衣食之而無所用。妻以旻女常居中，釗罕得見，釗常怏怏，因醉拔佩刀刺之，傷而不死，釗即自裁。旻女後適何氏，生子繼元，而何氏及旻女皆卒。旻以其子承鈞無子，乃以二子命承鈞養爲子。

承鈞立，以繼恩爲太原尹。承鈞嘗謂郭無爲曰：「繼恩純孝，然非濟世之才，恐不能了我家事。」無爲不對。承鈞病臥勤政閣，召無爲，執手以後事付之。

承鈞卒，繼恩告哀於契丹而後立。繼恩服縗裳視事，寢處皆居勤政閤，而承鈞故執事百司宿衞者皆在太原府廨。九月，繼恩置酒會諸大臣宗子，飲罷，臥閤中。供奉官侯霸榮率十餘人挺刃入閤，閉户而殺之。郭無爲遣人以梯登屋，入殺霸榮并其黨。

初，承鈞之語郭無爲也，繼恩怨無爲不助己，及立，欲逐之而未果，故霸榮之亂，人皆以謂無爲之謀，霸榮死，口滅而無知者。無爲迎繼元而立之。

繼元爲人忍。旻子十餘人，皆無可稱者。當繼元時，有鎬、鍇、錡、錫、銑，於繼元爲諸父，皆爲繼元所殺，獨銑以佯愚獲免。承鈞妻郭氏，繼元兄弟自少母之。繼元妻段氏，嘗以小過爲郭氏所責，既而以它疾而卒，繼元疑其殺之。及立，遣嬖者范超圖殺郭氏，郭氏方縗服哭承鈞于柩前，超執而縊殺之，於是劉氏之子孫無遺類矣。

繼元立，改元曰廣運。王師北征，繼元閉城拒守，太祖皇帝以詔書招繼元出降，許以平盧軍節度使、郭無爲安國軍節度使。無爲捧詔色動，而并人及繼元左右皆欲堅守以拒命。無爲仰天慟哭，拔佩刀欲自裁，爲左右所持。繼元自下執其手，延之上坐，無爲曰：「奈何以孤城拒百萬之王師？」蓋欲摇動并人，而并人守意益堅。宦者衞德貴察無爲有異志，以告繼元，繼元遣人縊殺之。

初，太祖皇帝命引汾水浸其城，水自城門入，而有積草自城中飄出塞之。是時，王師頓兵甘草地中，會歲暑雨，軍士多疾，乃班師。王師已去，繼元決城下水注之臺駘澤，水已落而城多摧圮。契丹使者韓知璠時在太原，歎曰：「王師之引水浸城也，知其一而不知其二，若先浸而後涸，則并人無類矣！」

太平興國四年，王師復北征，繼元窮窘，而并人猶欲堅守。其樞密副使馬峯老疾居于家，舁入見繼元，流涕以興亡諭之，繼元乃降。太宗皇帝御城北高臺受降，以繼元爲右衛上將軍，封彭城公。其後事具國史。【一】

【一】旻年世興滅，諸書皆同，自周廣順元年建號，至皇朝太平興國四年國滅〔九〕，凡二十八年，餘具年譜注。

校勘記

〔一〕漢高祖母弟也　「母弟」，舊五代史卷一三五劉崇傳作「從弟」。

〔二〕公爲宗室老　「老」字原闕，據宋丙本、宗文本補。

〔三〕潞州李筠遣穆令鈞以步騎二千拒元徽于太平驛　「二千」，原作「三千」，據宋丙本、宗文本、通鑑卷二九一、宋史卷四八四李筠傳改。按册府卷四四三：「李筠遣令均率步騎各千人以拒之」，卷五七略同。「穆令鈞」，册府卷五七、卷四四三、通鑑卷二九一、宋史卷四八四李筠傳作「穆令均」。

〔四〕周師之圍城也　「之」字原闕，據宗文本補。

〔五〕明年十一月卒　明年即顯德二年，舊五代史卷一一四周世宗紀一、卷一三五劉崇傳同，本書卷七一十國世家年譜、宋史卷四八二北漢劉氏世家、通鑑卷二九〇記劉崇卒於顯德元年。

〔六〕契丹遣高勳以兵助承鈞　「以兵」二字原闕，據宗文本補。通鑑卷二九三、契丹國志卷五敍其事作「將兵」。「高勳」，通鑑卷二九三、契丹國志卷五作「崔勳」。

〔七〕劉紹　續資治通鑑長編卷四作「劉詔」。

〔八〕趙鸞　續資治通鑑長編卷四作「趙鑾」。

〔九〕至皇朝太平興國四年國滅　下一「國」字原闕，據宗文本補。

新五代史卷七十一

十國世家年譜第十一

嗚呼，堯舜盛矣！三代之王，功有餘而德不足，故皆更始以自新，由是改正朔矣，至於後世，遂名年以建元。及僭竊交興，而稱號紛雜，則不可以不別也。五代十國，稱帝改元者七。吳越、荆、楚，常行中國年號。然予聞於故老，謂吳越亦嘗稱帝改元，而求其事迹不可得，頗疑吳越後自諱之。及旁采閩、楚、南漢諸國之書，與吳越往來者多矣，皆無稱帝之事。獨得其封落星石爲寶石山制書，稱「寶正六年辛卯」，則知其嘗改元矣。「辛卯」，長興二年，乃鏐之末世也，然不見其終始所因，故不得而備列。錢氏訖五代，嘗外尊中國，豈其張軌之比乎？十國皆非中國有也，其稱帝改元與不，未足較其得失，故並列之。作十國世家年譜。

		晉	吳	蜀	南漢	楚	吳越	閩	南平
丁卯	梁太祖開平元年	李克用天祐四年	楊渥天祐四年	王建天復七年是歲，即位。	劉隱開平	馬殷開平	錢鏐開平	王審知開平	高季興開平
戊辰	二	五正月，克用卒，子存勗立。	五是歲，隆演立。	武成					
己巳	三	六	六	二					
庚午	四	七	七	三					
辛未	乾化元年	八	八	永平	乾化是歲，龑立。	乾化		乾化	乾化
壬申	二	九	九	二					
癸酉	三末帝二月即位。	十	十	三					

甲戌	乙亥	丙子	丁丑	戊寅	己卯	庚辰	辛巳
四	貞明元年	二	三	四	五	六	龍德元年
十一	十二	十三	十四	十五	十六	十七	十八
十一	十二	十三	十四	十五	武義 是歲，以吳王稱制〔一〕，改元。	二 是歲，溥立。	順義
四	五	通正	天漢	光天 是歲，衍立。	乾德	二	三
	貞明		乾亨 是歲，龔僭帝號，改元。	二	三	四	五
	貞明						龍德
	貞明						龍德
	貞明						龍德

壬午	二	十九	二	四	六				
癸未	唐莊宗 同光元年	是歲，四月改元同光。	三	五	七	同光		同光	同光
甲申	二		四	六	八				
乙酉	三		五	咸康 是歲，蜀亡。	白龍			是歲，延翰立。	
丙戌	明宗 天成元年		六		二	天成	寶正	天成 是歲，鏻立。	天成
丁亥	二		乾貞 是歲，溥僭帝號，改元。		三		二		
戊子	三		二		大有		三		是歲，從誨立。
己丑	四		大和		二		四		
庚寅	長興元年		二		三	長興 是歲，希聲立。	五	長興	長興

辛卯	壬辰	癸巳	甲午	乙未	丙申
二	三	四〔二〕十二月，愍帝即位。	應順元年 廢帝〔三〕清泰元年	二	晉高祖天福元年
三	四	五	六	天祚	二
			後蜀明德 孟知祥立。是歲，卒。昶立。	二	三
四	五	六	七	八	九
	是歲，希範立。		應順 清泰		天福
六 錢氏唯見一號六年，其餘皆闕不見。	是歲，元瓘立。				
		龍啓	二	永和 是歲，昶立。	通文
			應順 清泰		天福

丁酉	二		南唐昪元是歲，李昪立。	四	十			二	
戊戌	三		二	廣政	十一			三	
己亥	四		三	二	十二			永隆是歲，曦立。	
庚子	五		四	三	十三			二	
辛丑	六		五	四	十四		是歲，佐立。	三	
壬寅	七出帝六月即位。		六	五	光天是歲，玢立。			四	
癸卯	八		保大是歲，景立。	六	應乾乾和是歲，晟立。			五天德是歲，延政以建州稱殷，改元。	

甲辰	開運元年		二	七	二	開運		六 是歲，曦亡。 二	開運
乙巳	二		三	八	三			天德三	
丙午	三		四	九	四			四 是歲，延政爲南唐所虜，王氏滅。	
丁未	漢高祖天福十二年		五	十	五	是歲，希廣立。	是歲，倧立，見廢。		
戊申	乾祐元年 隱帝二月即位。		六	十一	六	乾祐	是歲，俶立。		乾祐 是歲，保融立。

己酉	二		七	十二	七					
庚戌	三		八	十三	八	是歲，希萼立。				
辛亥	周太祖廣順元年	乾祐四年 東漢劉旻立。	九	十四	九	廣順 是歲，希萼等遷于金陵，馬氏絶。			廣順	
壬子	二	五	十	十五	十					
癸丑	三	六	十一	十六	十一	是歲，劉言立，見殺。王進逵立。				
甲寅	顯德元年 世宗正月即位。	七 是歲，承鈞立。	十二	十七	十二	顯德			顯德	
乙卯	二	八	十三	十八	十三					

丙辰	三	九	十四	十九	十四	是歲，周行逢立。			
丁巳	四	天會	十五	二十	十五〔四〕				
戊午	五	二	交泰 顯德〔五〕	二十一	大寶 是歲，鋹立。				
己未	六 恭帝六月即位。明年正月遜位。	三		二十二	二				

或問：十國固非中國有也，然猶命以封爵，而稱中國年號來朝貢者，亦有之矣，本紀之不書，何也？曰：封爵之不書，所以見其非中國有也。其朝貢之來如夷狄，以夷狄書之則甚矣。問者曰：四夷、十國，皆非中國之有也，四夷之封爵朝貢則書，而十國之不書，何也？曰：以中國而視夷狄，夷狄之可也。以五代之君而視十國，夷狄之則未可也。故十國之封爵、朝貢，不如夷狄，則無以書之。書如夷狄，則五代之君未可以夷狄之也。是

以外而不書，見其自絶於中國焉爾。問者曰：外而不書，則東漢之立何以書？曰：吾於東漢，常異其辭於九國也。春秋因亂世而立治法，本紀以治法而正亂君。世亂則疑難之事多，正疑處難，敢不慎也？周、漢之事，可謂難矣哉！或謂：劉旻嘗致書于周，求其子贇不得而後自立，然則旻之志不以亡漢爲讎〔六〕，而以失子爲讎也。曰：漢嘗詔立贇爲嗣，則贇爲漢之國君，不獨爲旻子也。旻之大義，宜不爲周屈，其立雖未必是，而義當不屈于周，此其可以異乎九國矣。終旻之世，猶稱乾祐，至承鈞立，然後改元，則旻之志豈不可哀也哉〔一〕！

〔一〕十國年世，惟楚、閩、東漢三國，諸家之説不同，而互有得失，最難考正。今略其諸説而正其是者，庶幾博覽者不惑，而一以年譜爲正也。　馬氏，據湖湘故事、九國志、運曆圖並云殷以長興元年卒，是歲，子希聲立，長興三年卒。而五代舊史殷列傳云殷長興二年卒，享年七十八，子希聲立，不周歲而卒；明宗本紀長興元年，書希聲除節度使，起復，三年八月，又書希聲卒。今據九國志，殷以大中六年歲在壬申生，享年七十九。蓋自大中壬申至長興元年庚寅，實七十九年，爲得其實。而希聲，據湖湘故事、九國志、運曆圖皆以三年卒，與明宗本紀皆合，不疑。惟舊史書殷卒二年，及年七十八，希聲立不周歲卒爲繆爾。希萼希崇之亂，南唐盡遷馬氏之族歸于金陵，五代舊史云，時廣順元年也。而運曆圖云乾祐二年馬氏滅者，繆也。初，殷入湖南，掘地得石，讖云：「龍起頭，猪掉尾。」蓋殷以乾寧三年歲在丙辰，自立於湖南，至廣順元年辛亥而滅。九國志以乾祐三年爲辛亥，湖湘故事以顯德元年爲辛亥者，皆繆也。惟五代舊史得其實。　王氏世次，曰潮、曰審知、曰延翰、曰鏻、曰昶、曰曦、曰延政，凡七主。而潮以唐景福元年歲在壬子始入福州，至開運三年丙午而滅，實五十五年，當云七主五十五年，爲得其實。而運曆圖云五十六年，九國志、五代舊史、紀年通譜、閩中實録、閩王列傳皆云七主六十年者，皆繆也。　審知，五代舊史本傳云同光元年十二月卒，九國志亦云同光元年卒，運曆圖同光三年卒。今檢五代舊史莊宗本紀，同光二年五月丙午，審知加檢校太師、守中書令，豈得卒於元年也？又至四年二月庚子，福建副使王延翰奏稱權知軍府事，三月辛亥，遂除延翰威武軍節度使。以此推之，審知卒當在同光三年十二月，蓋閩去京師遠，明年二月延翰之奏始至京師，理當然也。又據閩王列傳、九國志，皆云審知在位二十九年。審知以唐乾寧四年嗣位，是歲丁巳，至同光三年乙酉，實二十九年。則運曆圖爲是，而舊史、九國志云元年卒者，皆繆也。　鏻本名延鈞，五代舊史本傳云在位十二年，九國志云在位十一年，閩王列傳、紀年通譜皆云在位十年。蓋鏻以天成元年殺延翰自立，是歲丙戌，至清泰二年乙未，實十年而卒，與閩王列傳合，而舊史、九國志皆繆也。鏻以清泰二年改元永和，是歲見殺，而舊史、九國志、運曆圖皆無永和之號，又運曆圖書鏻見殺在天福元年丙申者，皆繆也。　劉旻，九國志云乾祐七年十一月旻卒，享年六十，子承鈞立，時年二十九。乾祐七年，乃顯德元年也。而五代舊史、周世宗實録、運曆圖、紀年通譜皆云顯德二年冬，旻卒。又有旻僞中書舍人王保衡晉陽見聞要録云旻乙卯生，卒年六十一，子承鈞立。承鈞丙戌生，立時年二十九。保衡是旻之臣，其親所見聞，所得最實，然而頗爲轉寫差誤爾。按保衡書旻乙卯生，若享年六十一，當於乙卯歲卒，則是顯德二年也。又書承鈞丙戌生，立時年二十九，則當是顯德元年甲寅歲也。豈有旻卒於二年，承鈞以元年嗣位？理必不然。以九國志參較，旻享年六十，顯德元年卒，承鈞以是歲嗣位，時年二十九，爲得其實，但見聞要録衍「一」字爾。其云二年卒者，皆繆也。九國志又云承鈞立，服喪三年，至乾祐九年服除，改十年爲天會元年，當是顯德四年。而紀年通譜以顯德三年爲天會元年者，繆也。晉與梁爲敵國，自稱天祐者二十年，故首列於年譜，其後遂滅梁而爲唐，故不列於世家。

校勘記

〔一〕以吴王稱制　「以」字原闕，據宋丙本、宗文本補。

〔二〕四　此字原闕，據宋丙本、宗文本補。

〔三〕廢帝　原作「末帝」，據宗文本改。按本書卷七唐本紀作「廢帝」。

〔四〕十五　以上二字原闕，據宗文本補。

〔五〕交泰顯德　以上四字原闕，據宗文本補。按通鑑卷二九四，南唐改元交泰當在顯德五年，又據本書卷六二南唐世家，本年南唐奉周正朔。

〔六〕然則旻之志不以亡漢爲讎　「亡」，原作「忘」，據宋丙本、宗文本改。按王鳴盛商榷卷九八：「『忘』當作『亡』。」

新五代史卷七十二

四夷附録第一

嗚呼，夷狄居處飲食，隨水草寒暑徙遷，有君長部號而無世族、文字記別，至於弦弓毒矢，彊弱相并，國地大小，興滅不常，是皆烏足以考述哉！惟其服叛去來，能爲中國利害者，此不可以不知也。自古夷狄之於中國，有道未必服，無道未必不來，蓋自因其衰盛。雖嘗置之治外，而羈縻制馭恩威之際，不可失也。其得之未必爲利，失之有足爲患，可不慎哉！作四夷附録。

夷狄，種號多矣。其大者，自以名通中國，其次小遠者附見，又其次微不足録者，不可勝數。其地環列九州之外，而西北常彊，爲中國患。三代獫狁，見於詩書。秦漢以來，匈奴著矣。隋唐之間，突厥爲大。其後有吐蕃、回鶻之彊。五代之際，以名見中國者十七八，而契丹最盛。

契丹自後魏以來，名見中國，或曰與庫莫奚同類而異種。其居曰梟羅箇沒里，沒里者，河也。是謂黃水之南，黃龍之北，得鮮卑之故地，故又以爲鮮卑之遺種。當唐之世，其地北接室韋，東隣高麗，西界奚國，而南至營州。其部族之大者曰大賀氏，後分爲八部，其一曰但利皆部〔一〕，二曰乙室活部，三曰實活部，四曰納尾部，五曰頻沒部，六曰內會雞部，七曰集解部，八曰奚嗢部。部之長號大人，而常推一大人建旗鼓以統八部。至其歲久，或其國有災疾而畜牧衰，則八部聚議，以旗鼓立其次而代之。被代者以爲約本如此，不敢爭。某部大人遥輦次立，時劉仁恭據有幽州，數出兵摘星嶺攻之，每歲秋霜落，則燒其野草，契丹馬多飢死，即以良馬賂仁恭求市牧地，請聽盟約甚謹。八部之人以爲遥輦不任事，選於其衆，以阿保機代之。

阿保機，亦不知其何部人也，爲人多智勇而善騎射。是時，劉守光暴虐，幽涿之人多亡入契丹。阿保機乘間入塞，攻陷城邑，俘其人民，依唐州縣置城以居之。漢人教阿保機曰：「中國之王無代立者。」由是阿保機益以威制諸部而不肯代。其立九年，諸部以其久不代，共責誚之。阿保機不得已，傳其旗鼓，而謂諸部曰：「吾立九年，所得漢人多矣，吾欲自爲一部以治漢城，可乎？」諸部許之。漢城在炭山東南灤河上，有鹽鐵之利，乃後魏滑鹽縣也。其地可植五穀，阿保機率漢人耕種，爲治城郭邑屋廛市如幽州制度，漢人安之，不復思歸。阿保機知衆可用，用其妻述律策，使人告諸部大人曰：「我有鹽池，諸部所食。然諸部知食鹽之利，而不知鹽有主人，可乎？當來犒我。」諸部以爲然，共以牛酒會鹽池。阿保機伏兵其旁，酒酣伏發，盡殺諸部大人，遂立，不復代。

梁將篡唐，晉王李克用使人聘于契丹，阿保機以兵三十萬會克用於雲州東城。置酒，酒酣，握手約爲兄弟。克用贈以金帛甚厚，期共舉兵擊梁。阿保機遺晉馬千匹〔二〕。既歸而背約，遣使者袍笏梅老聘梁。梁遣太府卿高頃〔三〕、軍將郎公遠等報聘。逾年，頃還，阿保機遣使者解里隨頃〔四〕，以良馬、貂裘、朝霞錦聘梁，奉表稱臣，以求封册。梁復遣公遠及司農卿渾特以詔書報勞，别以記事賜之，約共舉兵滅晉，然後封册爲甥舅之國，又使以子弟三百騎入衞京師。克用聞之，大恨。是歲，克用病，臨卒，以一箭屬莊宗，期必滅契丹。渾特等至契丹，阿保機不能如約，梁亦未嘗封册。而終梁之世，契丹使者四至。

莊宗天祐十三年，阿保機攻晉蔚州，執其振武節度使李嗣本。是時，莊宗已得魏博，方南向與梁爭天下，遣李存矩發山北兵。存矩至祁溝關，兵叛，擁偏將盧文進擊殺存矩，亡入契丹。契丹攻破新州，以文進部將劉殷守之。莊宗遣周德威擊殷，而文進引契丹數十萬大至，德威懼，引軍去，爲契丹追及，大敗之。德威走幽州，契丹圍之。幽薊之間，虜騎遍滿山谷，所得漢人，以長繩連頭繫之於木，漢人夜多自解逃去。文進又教契丹爲火車、地道、起土山以攻城。城中鎔銅鐵汁揮之，中者輒爛墮。德威拒守百餘日，莊宗遣李嗣源、閻寶、李存審等救之。契丹數爲嗣源等所敗，乃解去。

契丹比佗夷狄尤頑傲，父母死，以不哭爲勇，載其尸深山，置大木上，後三歲往取其骨焚之，酹而呪曰：「夏時向陽食，冬時向陰食，使我射獵，猪鹿多得。」其風俗與奚、靺鞨頗同。至阿保機，稍并服旁諸小國，而多用漢人，漢人教之以隸書之半增損之，作文字數千，以代刻木之約。又制婚嫁，置官號。乃僭稱皇帝，自號天皇王。以其所居横帳地名爲姓，曰世里，世里，譯者謂之耶律。名年曰天贊。以其所居爲上京，起樓其間，號西樓，又於其東千里起東樓，北三百里起北樓，南木葉山起南樓，往來射獵四樓之間。契丹好鬼而貴日，每月朔旦〔五〕，東向而拜日，其大會聚、視國事，皆以東向爲尊，四樓門屋皆東向。

莊宗討張文禮，圍鎮州。定州王處直懼鎮且亡〔六〕，晉兵必并擊己，遣其子郁說契丹，使入塞以牽晉兵。郁謂阿保機曰：「臣父處直使布愚款曰：故趙王王鎔，王趙六世，鎮州金城湯池，金帛山積，燕姬趙女，羅綺盈廷。張文禮得之而爲晉所攻，懼死不暇，故皆留以待皇帝。」阿保機大喜。其妻述律不肯，曰：「我有羊馬之富，西樓足以娛樂，今捨此而遠赴人之急，我聞晉兵彊天下，且戰有勝敗，後悔何追？」阿保機躍然曰：「張文禮有金玉百萬，留待皇后，可共取之。」於是空國入寇。郁之召契丹也，定人皆以爲後患〔七〕，不可召，而處直不聽。郁已去，處直爲其子都所廢。阿保機攻幽州不克，又攻涿州，陷之。聞處直廢而都立，遂攻中山，渡沙河。都告急於莊宗，莊宗自將鐵騎五千，遇契丹前鋒於新城，晉兵自桑林馳出，人馬精甲，光明燭日，虜騎愕然，稍却，晉軍乘之，虜遂散走，而沙河冰薄，虜皆陷没。阿保機退保望都。會天大雪，契丹人馬飢寒，多死，阿保機顧盧文進，以手指天曰：「天未使我至此。」乃引兵去。莊宗躡其後，見其宿處，環秸在地，方隅整然，雖去而不亂，歎曰：「虜法令嚴，蓋如此也！」

契丹雖無所得而歸，然自此頗有窺中國之志，患女真、渤海等在其後，欲擊渤海，懼中國乘其虚，乃遣使聘唐以通好。同光之間，使者再至。莊宗崩，明宗遣供奉官姚坤告哀於契丹。坤至西樓而阿保機方東攻渤海，坤追至慎州見之。阿保機錦袍大帶垂後，與其妻對坐穹廬中，延坤入謁。阿保機問曰：「聞爾河南、北有兩天子，信乎？」坤曰：「天子以魏州軍亂，命總管令公將兵討之，而變起洛陽，凶問今至矣。總管返兵河北，赴難京師，爲衆所推，已副人望。」阿保機仰天大哭曰：「晉王與我約爲兄弟，河南天子，即吾兒也。昨聞中國亂，欲以甲馬五萬往助我兒，而渤海未除，志願不遂。」又曰：「我兒既没，理當取我商量，新天子安得自立？」坤曰：「新天子將兵二十年，位至大總管，所領精兵三十萬，天時人事，其可得違？」其子突欲在側曰：「使者無多言，蹊田奪牛，豈不爲過！」坤曰：「應天順人，豈比匹夫之事。至如天皇王得國而不代，豈彊取之邪？」阿保機即慰勞坤曰：「理正當如是爾！」又曰：「吾聞此兒有宮婢二千人，樂官千人，放鷹走狗，嗜酒好色，任用不肖，不惜人民，此其所以敗也。我自聞其禍，即舉家斷酒，解放鷹犬，罷散樂官。我亦有諸部樂官千人，非公宴不用。我若所爲類吾兒，則亦安能長久？」又謂坤曰：「吾能漢語，然絶口不道於部人，懼其效漢而怯弱也。」因戒坤曰：「爾當先歸，吾以甲馬三萬會新天子幽、鎮之間，共爲盟約，與我幽州，則不復侵汝矣。」阿保機攻渤海，取其扶餘一城，以爲東丹國，以其長子人皇王突欲爲東丹王。已而阿保機病死，述律護其喪歸西樓，立其次子元帥太子耀屈之。坤從至西樓而還。

當阿保機時，有韓延徽者，幽州人也，爲劉守光參軍，守光遣延徽聘于契丹。延徽見阿保機不拜，阿保機怒，留之不遣，使牧羊馬。久之，知其材，召與語，奇之，遂用以爲謀主。阿保機攻党項、室韋，服諸小國，皆延徽謀也。延徽後逃歸，事莊宗，莊宗客將王緘譖之，延徽懼，求歸幽州省其母，行過常山，匿王德明家。居數月，德明問其所向，延徽曰：「吾欲復走契丹。」德明以爲不可，延徽曰：「阿保機失我，如喪兩目而折手足，今復得我，必喜。」乃復走契丹。阿保機見之，果大喜，以謂自天而下。阿保機僭號，以延徽爲相，號政事令，契丹謂之「崇文令公」。後卒于虜。

耀屈之後更名德光。葬阿保機木葉山，謚曰大聖皇帝，後更其名曰億。德光立三年，改元曰天顯，遣使者以名馬聘唐，并求碑石爲阿保機刻銘。明宗厚禮之，遣飛勝指揮使安念德報聘。定州王都反，唐遣王晏球討之。都以蠟丸書走契丹求援，德光遣秃餒、萴剌等以騎五千救都，都及秃餒擊晏球於曲陽，爲晏球所敗。德光又遣惕隱赫邈益秃餒以騎七千，晏球又敗之于唐河。赫邈與數騎返走，至幽州，爲趙德鈞所執，而晏球攻破定州，擒秃餒、萴剌，皆送京師。明宗斬秃餒等六百餘人，而赦赫邈，選其壯健者五十餘人爲「契丹直」〔八〕。

初，阿保機死，長子東丹王突欲當立，其母述律遣其幼子安端少君之扶餘代之，將立以爲嗣。然述律尤愛德光。德光有智勇，素已服其諸部，安端已去，而諸部希述律意，共立德光。突欲不得立，長興元年，自扶餘泛海奔于唐。明宗因賜其姓爲東丹，而更其名曰慕華。以其來自遼東，乃以瑞州爲懷化軍，拜慕華懷化軍節度、瑞慎等州觀察處置等使。其部曲五人皆賜姓名：罕只曰罕友通，穆葛曰穆順義，撒羅曰羅賓德，易密曰易師仁，蓋禮曰蓋來賓，以爲歸化、歸德將軍郎將。又賜前所獲赫邈姓名曰狄懷惠，扭列曰列知恩〔九〕，萴剌曰原知感，福郎曰服懷造，竭失訖曰乙懷宥〔一〇〕。其餘爲「契丹直」者，皆賜姓名。二年，更賜突欲姓李，更其名曰贊華。三年，以贊華爲義成軍節度使。

契丹自阿保機時侵滅諸國，稱雄北方。及救王都，爲王晏球所敗，喪其萬騎，又失赫邈等，皆名將，而述律尤思念突欲，由是卑辭厚幣數遣使聘中國，因求歸赫邈、萴剌等，唐輒斬其使而不報。當此之時，中國之威幾振。

距幽州北七百里有榆關，關東臨海〔一一〕，北有兔耳、覆舟山，山皆斗絶，並海東北有路，狹僅通車〔一二〕，其旁地可耕植。唐時置東西狹石〔一三〕、淥疇、米磚、長揚、黄花、紫蒙、白狼等戍，以扼契丹於此。戍兵常自耕食，惟衣絮歲給幽州，久之皆有田宅，養子孫，以堅守爲己利。自唐末幽薊割據，戍兵廢散，契丹因得出陷平、營，而幽薊之人歲苦寇鈔。自涿州至幽州百里，人迹斷絶，轉餉常以兵護送，契丹多伏兵鹽溝以擊奪之。莊宗之末，趙德鈞鎮幽州，於鹽溝置良鄉縣，又於幽州東五十里築城，皆戍以兵。及破赫邈等，又於其東置三河縣。由是幽薊之人，始得耕牧，而輸餉可通。德光乃西徙横帳居揆剌泊〔一四〕，出寇雲朔之間。明宗患之，以石敬瑭鎮河東，總大同、彰國、振武、威塞等軍禦之。應順、清泰之間，調發饋餉，遠近勞敝。

德光事其母甚謹，常侍立其側，國事必告而後行。石敬瑭反，唐遣張敬達等討之。敬瑭遣使求救於德光，德光白其母曰：「吾嘗夢石郎召我，而使者果至，豈非天邪！」母召胡巫問吉凶，巫言吉，乃許。是歲九月，契丹出鴈門，車騎連亘數十里，將至太原，遣人謂敬瑭曰：「吾爲爾今日破敵，可乎？」敬瑭報曰：「皇帝赴難，要在成功，不在速，大兵遠來，而唐軍甚盛，願少待之。」使者未至，而兵已交，敬達大敗。敬瑭夜出北門見德光，約爲父子，問曰：「大兵遠來，戰速而勝者，何也？」德光曰：「吾謂唐兵能守鴈門而扼諸險要，則事未可知。今兵長驅深入而無阻，吾知大事必濟。且吾兵多難久，宜以神速破之。此其所以勝也。」敬達敗，退保晉安寨，德光圍之。唐遣趙德鈞、延壽救敬達，而德鈞父子按兵團柏谷不救。德光謂敬瑭曰：「吾三千里赴義，義當徹頭。」乃築壇晉城南，立敬瑭爲皇帝，自解衣冠被之，册曰：「咨爾子晉王，予視爾猶子，爾視予猶父。」已而楊光遠殺張敬達降晉。晉高祖自太原入洛陽，德光送至潞州，趙德鈞、延壽出降。德光謂晉高祖曰：「大事已成。吾命大相温從爾渡河，吾亦留此，俟爾入洛而後北。」臨訣，執手嘘嚱，脱白貂裘以衣高祖，遺以良馬二十四、戰馬千二百匹，戒曰：「子子孫孫無相忘！」時天顯九年也。

高祖已入洛，德光乃北，執趙德鈞、延壽以歸。德鈞，幽州人也，事劉守光、守文爲軍校，莊宗伐燕得之，賜姓名曰李紹斌。其子延壽，本姓劉氏，常山人也，其父邧爲蓨縣令〔一五〕，劉守文攻破蓨縣，德鈞得延壽并其母种氏而納之，因以延壽爲子。延壽爲人姿質妍柔，稍涉書史，明宗以女妻之，號興平公主。莊、明之世，德鈞鎮幽州十餘年，以延壽故，尤見信任。延壽，明宗時爲樞密使，罷。至廢帝立，復以爲樞密使。晉高祖起太原，廢帝遣延壽將兵討之。而德鈞亦請以鎮兵討賊，廢帝察其有異志，使自飛狐出擊其後，而德鈞南出吳兒，會延壽於西唐，延壽因以兵屬之。廢帝以德鈞爲諸道行營都統，延壽爲太原南面招討使。德鈞爲延壽求鎮州節度使，廢帝怒曰：「德鈞父子握彊兵，求大鎮，苟能敗契丹而破太原，雖代予亦可；若翫寇要君，但恐犬兔俱斃。」因遣使者趣德鈞等進軍。德鈞陰遣人聘德光，求立己爲帝。德光指穹廬前巨石謂德鈞使者曰：「吾已許石郎矣。石爛，可改也。」德光至潞州，鎖德鈞父子而去。德光母述律見之，問曰：「汝父子自求爲天子何邪？」德鈞慚不能對，悉以田宅之籍獻之。述律問何在。曰：「在幽州〔一六〕。」述律曰：「幽州屬我矣，何獻之爲？」明年，德鈞死，德光以延壽爲幽州節度使，封燕王。

契丹當莊宗、明宗時攻陷營、平二州，及已立晉，又得鴈門以北幽州節度管內，合一十六州。乃以幽州爲燕京，改天顯十一年爲會同元年，更其國號大遼，置百官，皆依中國，參用中國之人。晉高祖每遣使聘問，奉表稱臣，歲輸絹三十萬匹，其餘寶玉珍異，下至中國飲食諸物，使者相屬於道無虛日。德光約高祖不稱臣，更表爲書，稱「兒皇帝」，如家人禮。德光遣中書令韓熲奉册高祖爲英武明義皇帝。高祖復遣趙瑩、馮道等以太常鹵簿奉册德光及其母尊號。終其世，奉之甚謹。

高祖崩，出帝即位，德光怒其不先以告，而又不奉表，不稱臣而稱孫，數遣使者責晉。

晉大臣皆恐，而景延廣對契丹使者語獨不遜，德光益怒。楊光遠反青州，招之。開運元年春，德光傾國南寇，分其衆爲三：西出鴈門，攻并、代，劉知遠擊敗之于秀容；東至于河，陷博州，以應光遠；德光與趙延壽南〔七〕，攻陷貝州。德光屯元城，兵及黎陽。晉出帝親征，遣李守貞等東馳馬家渡，擊敗契丹。而德光與晉相距于河，月餘，聞馬家渡兵敗，乃引衆擊晉，戰于戚城。德光臨陣，望見晉軍旗幟光明，而士馬嚴整，有懼色，謂其左右曰：「楊光遠言晉家兵馬半已餓死，何其盛也！」兵既交，殺傷相半，陣間斷箭遺鏃，布厚寸餘。日暮，德光引去，分其兵爲二，一出滄州，一出深州以歸。二年正月，德光復傾國入寇，圍鎮州，分兵攻下鼓城等九縣。杜重威守鎮州，閉壁不敢出。契丹南掠邢、洺、磁，至于安陽河，千里之内，焚剽殆盡。契丹見大桑木，駡曰：「吾知紫披襖出自汝身，吾豈容汝活邪！」束薪於木而焚之。是時，出帝病，不能出征，遣張從恩、安審琦、皇甫遇等禦之。遇前渡漳水，遇契丹，戰于榆林，幾爲所虜。審琦從後救之，契丹望見塵起，謂救兵至，引去。而從恩畏怯，不敢追，亦引兵南走黎陽。契丹已北，而出帝疾少間，乃下詔親征，軍于澶州，遣杜重威等北伐。契丹歸至古北，聞晉軍且至，即復引而南，及重威戰于陽城、衛村。晉軍飢渴，鑿井輒壞，絞泥汁而飲。德光坐奚車中，呼其衆曰：「晉軍盡在此矣，可生擒之，然後平定天下。」會天大風，晉軍奮死擊之，契丹大敗。德光喪車，騎一白橐駝而走。

至幽州，其首領大將各笞數百，獨趙延壽免焉。是時，天下旱蝗，晉人苦兵，乃遣開封府軍將張暉假供奉官聘于契丹，奉表稱臣，以脩和好，德光語不遜。然契丹亦自猒兵，德光母述律嘗謂晉人曰：「南朝漢兒爭得一向卧邪？自古聞漢來和蕃，不聞蕃去和漢，若漢兒實有回心，則我亦何惜通好！」晉亦不復遣使，然數以書招趙延壽。

延壽見晉衰而天下亂，嘗有意窺中國，而德光亦嘗許延壽滅晉而立之。延壽得晉書，僞爲好辭報晉，言身陷虜思歸，約晉發兵爲應。而德光將高牟翰亦詐以瀛州降晉，晉君臣皆喜。三年七月，遣杜重威、李守貞、張彦澤等出兵，爲延壽應，兵趨瀛州，牟翰空城而去。晉軍至城下，見城門皆啓，疑有伏兵，不敢入，遣梁漢璋追牟翰及之，漢璋戰死。重威等軍屯武强。德光聞晉出兵，乃入寇鎮州。重威西屯中渡，與德光夾水而軍。德光分兵，並西山出晉軍後，攻破欒城縣，縣有騎軍千人，皆降於虜。德光每獲晉人，刺其面，文曰「奉敕不殺」，縱以南歸。重威等被圍糧絶，遂舉軍降。德光喜，謂趙延壽曰：「所得漢兒皆與爾。」因以龍鳳赭袍賜之，使衣以撫晉軍，亦以赭袍賜重威。遣傅住兒監張彦澤將騎二千，先入京師。晉出帝與太后爲降表，自陳過咎。德光遣解里以手詔賜帝曰：「孫兒但勿憂，管取一喫飯處。」德光將至京師，有司請以法駕奉迎，德光曰：「吾躬擐甲胄，以定中原，太常之儀，不暇顧也。」止而不用。出帝與太后出郊奉迎，德光辭不見，曰：「豈有兩天子相見于道路邪！」四年正月丁亥朔旦，晉文武百官班于都城北，望帝拜辭，素服紗帽以待。德光被甲衣貂裘貂帽〔一八〕，立馬于高岡，百官俯伏待罪。德光入自封丘門，登城樓，遣通事宣言諭衆曰：「我亦人也，可無懼。我本無心至此，漢兵引我來爾。」遂入晉宫，宫中嬪妓迎謁，皆不顧，夕出宿于赤岡。封出帝負義侯，遷于黄龍府。癸巳，入居晉宫，以契丹守諸門，門廡殿廷皆磔犬掛皮，以爲猒勝。甲午，德光胡服視朝于廣政殿。乙未，被中國冠服，百官常參、起居如晉儀，而氊裘左衽，胡馬奚車，羅列階陛，晉人俛首不敢仰視。二月丁巳朔〔一九〕，金吾六軍、殿中省仗、太常樂舞陳于廷，德光冠通天冠，服絳紗袍，執大珪以視朝，大赦，改晉國爲大遼國、開運四年爲會同十年。

德光嘗許趙延壽滅晉而立以爲帝，故契丹擊晉，延壽常爲先鋒，虜掠所得，悉以奉德光及其母述律。德光已滅晉而無立延壽意，延壽不敢自言，因李崧以求爲皇太子。德光曰：「吾於燕王無所愛惜，雖我皮肉，可爲燕王用者，吾可割也。吾聞皇太子是天子之子，燕王豈得爲之？」乃命與之遷秩。翰林學士張礪進擬延壽中京留守、大丞相、録尚書事、都督中外諸軍事。德光索筆，塗其「録尚書事、都督中外諸軍事」，止以爲中京留守、大丞相，而延壽前爲樞密使、封燕王皆如故。又以礪爲右僕射兼門下侍郎、同中書門下平章事，與故晉相和凝並爲宰相。礪，明宗時翰林學士，晉高祖起太原，唐廢帝遣礪督趙延壽進軍於團柏谷，已而延壽爲德光所鎖，并礪遷于契丹。德光重其文學，仍以爲翰林學士。礪常思歸，逃至境上，爲追者所得，德光責之，礪曰：「臣本漢人，衣服飲食言語不同，今思歸而不得，生不如死。」德光顧其通事高唐英曰：「吾戒爾輩善待此人，致其逃去，過在爾也。」因笞唐英一百而待礪如故，其愛之如此。德光將視朝，有司給延壽貂蟬冠，礪三品冠服，延壽與礪皆不肯服。而延壽別爲王者冠以自異。礪曰：「吾在上國時，晉遣馮道奉册北朝，道賫二貂冠，其一宰相韓延徽冠之，其一命我冠之。今其可降服邪！」卒冠貂蟬以朝。三月丙戌朔，德光服靴、袍，御崇元殿，百官入閤，德光大悅，顧其左右曰：「漢家儀物，其盛如此。我得於此殿坐，豈非真天子邪！」其母述律遣人賫書及阿保機明殿書賜德光。明殿，若中國陵寢下宮之制，其國君死，葬，則於其墓側起屋，謂之明殿，置官屬職司，歲時奉表起居如事生，置明殿學士一人掌答書詔，每國有大慶弔，學士以先君之命爲書以賜國君，其書常曰「報兒皇帝」云。

德光已滅晉，遣其部族酋豪及其通事爲諸州鎮刺史、節度使，括借天下錢帛以賞軍。胡兵人馬不給糧草，日遣數千騎分出四野〔一〇〕，劫掠人民，號爲「打草穀」，東西二三千里之間，民被其毒，遠近怨嗟。漢高祖起太原，所在州鎮多殺契丹守將歸漢，德光大懼。又時已熱，乃以蕭翰爲宣武軍節度使。翰，契丹之大族，其號阿鉢，翰之妹亦嫁德光，而阿鉢本無姓氏，契丹呼翰爲國舅，及將以爲節度使，李崧爲製姓名曰蕭翰，於是始姓蕭。德光已留翰守汴，乃北歸，以晉内諸司伎術、宫女、諸軍將卒數千人從。自黎陽渡河，行至湯陰，登愁死岡，謂其宣徽使高勳曰：「我在上國，以打圍食肉爲樂，自入中國，心常不快，若得復吾本土，死亦無恨。」勳退而謂人曰：「虜將死矣。」相州梁暉殺契丹守將，閉城距守。德光引兵攻破之〔三〕，城中男子無少長皆屠之，婦女悉驅以北。後漢以王繼弘鎮相州，得髑髏十數萬枚，爲大冢葬之。德光至臨洺，見其井邑荒殘，笑謂晉人曰：「致中國至此，皆燕王爲罪首。」又顧張礪曰：「爾亦有力焉。」德光行至欒城，得疾，卒于殺胡林。契丹破其腹，去其腸胃，實之以鹽，載而北，晉人謂之「帝羓」焉。永康王兀欲立，謚德光爲嗣聖皇帝，號阿保機爲太祖、德光爲太宗。

校勘記

〔二〕其一曰伹利皆部　「伹利皆」，原作「伹皆利」，據宗文本、通鑑卷二六六胡注引歐史改。宋丙本作「伹利皆」，五代會要卷二九、遼史卷三七地理志作「旦利皆」。

〔三〕阿保機遺晉馬千匹　「千匹」，舊五代史卷一三七契丹傳、通鑑卷二六六、契丹國志卷一作「三千匹」。

〔三〕梁遣太府卿高頃　「太府卿高頃」，通鑑卷二六六、契丹國志卷一作「太府少卿高頎」。

〔四〕解里　原作「解俚」，據宋丙本、宗文本及本卷下文改。

〔五〕每月朔旦　「旦」，原作「日」，據宋丙本、宗文本改。

〔六〕定州王處直懼鎮且亡　「鎮」字原闕，據宗文本補。通鑑卷二七一敍其事云：「處直以平日鎮、定相爲唇齒，恐鎮亡而定孤。」契丹國志卷一略同。

〔七〕定人皆以爲後患　「後患」，宗文本作「契丹必爲患」。

〔八〕選其壯健者五十餘人爲契丹直　「五十」，原作「五千」，據宗文本改。舊五代史卷三九唐明宗紀五、册府卷九八七、通鑑卷二七六敍其事皆作「五十人」。

〔九〕扭列　宗文本作「捏列」。

〔一〇〕竭失訖　原作「竭失記」，據宗文本、舊五代史卷四二唐明宗紀八、册府卷一七〇改。

〔一一〕關東臨海　「關」字原闕，據宗文本補。按通鑑卷二六九胡注引宋白續通典敍其事作「渝關……其關東臨海」。

〔一二〕並海東北有路狹僅通車　「有路狹」三字原闕，據宋丙本、宗文本、通鑑卷二六九胡注引歐史補。通鑑卷二六九胡注引宋白續通典敍其事作「山下尋海岸東北行，狹處纔通一軌」。

〔一三〕唐時置東西狹石　「狹石」，原作「狹西」，據宗文本、通鑑卷二六六胡注引歐史、新唐書卷三九地理志三改。

〔一四〕撲剌泊　舊五代史卷四三唐明宗紀九、册府卷九七〇、通鑑卷二七八作「捺剌泊」。

〔一五〕其父邴爲蓨縣令　「邴」，遼史卷七六趙延壽傳、通鑑卷二七五作「邧」，通曆卷一五作「邠」。

〔一六〕在幽州　「在」字原闕，據宋丙本、宗文本、舊五代史卷九八趙德鈞傳、通鑑卷二八〇、契丹國志卷一六補。

〔一七〕德光與趙延壽南　「趙」字原闕，據宗文本補。

〔一八〕德光被甲衣貂裘貂帽　「貂裘」二字原闕，據宗文本、通鑑卷二八六補。

〔一九〕二月丁巳朔　「丁巳」，原作「丁丑」，據宗文本改。舊五代史卷九九漢高祖紀上、通鑑卷二八六皆繫其事於二月丁巳。按是月丁巳朔，丁丑爲二十一日。

〔二〇〕日遣數千騎分出四野　「日」字原闕，據宗文本、遼史卷三四兵衞志上補。

〔二一〕德光引兵攻破之　「攻」字原闕，據宗文本補。按舊五代史卷一三七契丹傳敍其事作「德光親率諸部以攻之」。

新五代史卷七十三

四夷附録第二

兀欲，東丹王突欲子也。突欲奔于唐，兀欲留不從，號永康王。契丹好飲人血，突欲左右姬妾，多刺其臂吮之，其小過輒挑目、刲灼，不勝其毒。然喜賓客，好飲酒，工畫，頗知書，其自契丹歸中國，載書數千卷，樞密使趙延壽每假其異書、醫經，皆中國所無者。明宗時，自滑州朝京師，遥領武信軍節度使〔一〕，食其俸，賜甲第一區、宮女數人。契丹兵助晉于太原，唐廢帝遣宦者秦繼旻、皇城使李彦紳殺突欲于其第。晉高祖追封突欲爲燕王。

德光滅晉，兀欲從至京師。德光殺繼旻、彦紳，籍其家貲，悉以賜兀欲。德光死欒城，兀欲與趙延壽及諸大將等俱入鎮州。延壽自稱權知軍國事，遣人求鎮州管鑰于兀欲，兀欲不與。延壽左右曰：「契丹大人聚而謀者諤諤，必有變，宜備之。今中國之兵，猶有萬人，可以擊虜，不然，事必不成。」延壽猶豫不決。兀欲妻，延壽以爲妹，五月朔旦，兀欲召延壽及張礪、李崧、馮道等置酒，酒數行，兀欲謂延壽曰：「妹自上國來，當一見之。」延壽欣然與兀欲俱入。食頃，兀欲出坐，笑謂礪等曰：「燕王謀反，鎖之矣。諸君可無慮也。」又曰：「先帝在汴州與我算子一莖，許我知南朝軍國事，昨聞寢疾，無遺命，燕王安得自擅邪？」礪等罷去。兀欲召延壽廷立而詰之，延壽不能對。乃遣人監之，而籍其家貲。兀欲宣德光遺制曰：「永康王，大聖皇帝之嫡孫，人皇王之長子，可於中京即皇帝位。」中京，契丹謂鎮州也。遣使者告哀於諸鎮。蕭翰聞德光死，棄汴州而北，至鎮州，兀欲已去。翰以騎圍張礪宅，執礪而責曰：「汝教先帝勿用胡人爲節度使，何也？」礪對不屈，翰鎖之。是夕，礪卒。

兀欲爲人儁偉，亦工畫，能飲酒，好禮士，德光嘗賜以絹數千匹，兀欲散之，一日而盡。兀欲已立，先遣人報其祖母述律。述律怒曰：「我兒平晉取天下，有大功業，其子在我側者當立，而人皇王背我歸中國，其子豈得立邪？」乃率兵逆兀欲，將廢之。兀欲留其將麻荅守鎮州，晉諸將相隨德光在鎮州者皆留之而去。以翰林學士徐台符、李澣從行，與其祖母述律相距于石橋。述律所將兵多亡歸兀欲。兀欲乃幽述律於祖州。祖州，阿保機墓所也。

述律爲人多智而忍。阿保機死，悉召從行大將等妻，謂曰：「我今爲寡婦矣，汝等豈宜有夫。」乃殺其大將百餘人，曰：「可往從先帝。」左右有過者，多送木葉山，殺於阿保機墓隧中，曰：「爲我見先帝于地下。」大將趙思温，本中國人也，以材勇爲阿保機所寵，述律後以事怒之，使送木葉山，思温辭不肯行。述律曰：「爾，先帝親信，安得不往見之？」思温對曰：「親莫如后，后何不行？」述律曰：「我本欲從先帝于地下，以子幼，國中多故，未能也。然可斷吾一臂以送之。」左右切諫之，乃斷其一腕，而釋思温不殺。初，德光之擊晉也，述律常非之，曰：「吾國用一漢人爲主，可乎？」德光曰：「不可也。」述律曰：「然則汝得中國不能有，後必有禍，悔無及矣。」德光死，載其尸歸，述律不哭而撫其尸曰：「待我國中人畜如故，然後葬汝。」已而兀欲因之，後死于木葉山。

兀欲更名阮，號天授皇帝，改元曰天禄。是歲八月，葬德光於木葉山，遣人至鎮州召馮道、和凝等會葬。使者至鎮州，鎮州軍亂，大將白再榮等逐出麻荅〔二〕。據定州〔三〕，已而悉其衆以北。麻荅者，德光之從弟也，德光滅晉，以爲邢州節度使。兀欲立，命守鎮州。麻荅尤酷虐，多略中國人，剥面、抉目、拔髮、斷腕而殺之，出入常以鉗鑿挑割之具自隨，寢處前後掛人肝、脛、手、足，言笑自若，鎮、定之人不勝其毒。麻荅已去，馮道等乃南歸。

漢乾祐元年〔四〕，兀欲率萬騎攻邢州，陷内丘。契丹入寇，常以馬嘶爲候。其來也，馬不甚嘶鳴〔五〕，而矛戟夜有光，又月食，虜衆皆懼，以爲凶，雖破内丘而人馬傷死者太半。

兀欲立五年，會諸部酋長，復謀入寇，諸部大人皆不欲，兀欲彊之。燕王述軋與太寧王嘔里僧等率兵殺兀欲於火神淀〔六〕。德光子齊王述律聞亂，走南山。契丹擊殺述軋、嘔里僧，而迎述律以立。

述律立，改元應曆，號天順皇帝，後更名璟。述律有疾，不能近婦人，左右給事，多以宦者。然畋獵好飲酒，不恤國事，每酣飲，自夜至旦，晝則常睡，國人謂之「睡王」。

初，兀欲常遣使聘漢，使者至中國而周太祖入立。太祖復遣將軍朱憲報聘，憲還而兀欲死。述律立，遂不復南寇。顯德六年夏，世宗北伐，以保大軍節度使田景咸爲淤口關部署，右神武統軍李洪信爲合流口部署，前鳳翔節度使王晏爲益津關部署，侍衛親軍馬步都虞候韓通爲陸路都部署。世宗自乾寧軍御龍舟，艛船戰艦，首尾數十里，至益津關，降其守將，而河路漸狹，舟不能進，乃捨舟陸行。瓦橋淤口關、瀛莫州守將皆迎降。方下令進攻幽州，世宗遇疾，乃置雄州於瓦橋關、霸州於益津關而還。周師下三關、瀛、莫，兵不血刃。述律聞之，謂其國人曰：「此本漢地，今以還漢，又何惜耶？」述律後爲庖者因其醉而殺之。

嗚呼！自古夷狄服叛，雖不繫中國之盛衰，而中國之制夷狄則必因其彊弱。予讀周日曆，見世宗取瀛、莫，定三關，兵不血刃，而史官譏其以王者之師，馳千里而襲人，輕萬乘之重於萑葦之間，以僥倖一勝。夫兵法，決機因勢，有不可失之時。世宗南平淮甸，北伐契丹，乘其勝威，擊其昏殆，世徒見周師之出何速，而不知述律有可取之機也。是時，述律以謂周之所取，皆漢故地，不足顧也，然則十四州之故地，皆可指麾而取矣。不幸世宗遇疾，功志不就。然瀛、莫、三關，遂得復爲中國之人，而十四州之俗，至今陷於夷狄。彼其爲志豈不可惜，而其功不亦壯哉！夫兵之變化屈伸，豈區區守常談者所可識也！

初，蕭翰聞德光死，北歸，有同州郃陽縣令胡嶠爲翰掌書記，隨入契丹。而翰妻爭妬，告翰謀反，翰見殺，嶠無所依，居虜中七年。當周廣順三年，亡歸中國，略能道其所見，云：「自幽州西北入居庸關，明日，又西北入石門關，關路崖狹，一夫可以當百，此中國控扼契丹之險也。又三日，至可汗州，南望五臺山，其一峯最高者，東臺也。又三日，至新武州，西北行五十里有雞鳴山，云唐太宗北伐，聞雞鳴于此，因以名山。明日，入永定關北〔七〕，此唐故關也。又四日，至歸化州。又三日，登天嶺，嶺東西連亘，有路北下，四顧冥然，黃雲白草，不可窮極。契丹謂嶠曰：『此辭鄉嶺也，可一南望而爲永訣。』同行者皆慟哭，往往絕而復蘇。又行三四日，至黑榆林，時七月，寒如深冬。又明日，入斜谷，谷長五十里，高崖峻谷，仰不見日，而寒尤甚。已出谷，得平地，氣稍温。又行二日，渡湟水。又明日，渡黑水。又二日，至湯城淀，地氣最温，契丹若大寒，則就温于此。其水泉清冷，草軟如茸，可藉以寢。而多異花，記其二種：一曰旱金，大如掌，金色爍人；一曰青囊，如中國金燈，而色類藍，可愛。又二日，至儀坤州，渡麝香河。自幽州至此無里候，其所向不知爲南北。又二日，至赤崖，翰與兀欲相及，遂及述律戰于沙河。述律兵敗而北，兀欲追至獨樹渡，遂囚述律于撲馬山。又行三日，遂至上京，所謂西樓也。西樓有邑屋市肆，交易無錢而用布。有綾錦諸工作、宦者、翰林、伎術、教坊、角觝、秀才、僧尼、道士等，皆中國人，而并、汾、幽、薊之人尤多。自上京東去四十里，至真珠寨，始食菜。明日，東行，地勢漸高，西望平地松林鬱然數十里。遂入平川，多草木，始食西瓜，云契丹破回紇得此種，以牛糞覆棚而種，大如中國冬瓜而味甘。又東行，至褭潭，始有柳，而水草豐美，有息雞草尤美，而本大，馬食不過十本而飽。自褭潭入大山，行十餘日而出，過一大林，長二三里，皆蕪荑，枝葉有芒刺如箭羽，其地皆無草。兀欲時卓帳于此，會諸部人葬德光。自此西南行，日六十里，行七日，至大山門，兩高山相去一里，而長松豐草，珍禽野卉，有屋室碑石，曰『陵所』也。兀欲入祭，諸部大人惟執祭器者得入。入而門闔。明日開門，曰『抛盞』，禮畢。問其禮，皆祕不肯言。」嶠所目見囚述律、葬德光等事，與中國所記差異。

已而翰得罪被鎖，嶠與部曲東之福州。福州，翰所治也。嶠等東行，過一山，名十三山，云此西南去幽州二千里。又東行，數日，過衞州，有居人三十餘家，蓋契丹所虜中國衞州人，築城而居之。嶠至福州而契丹多憐嶠，教其逃歸，嶠因得其諸國種類遠近，云：「距契丹國東至于海，有鐵甸，其族野居皮帳而人剛勇。其地少草木，水鹹濁，色如血，澄之久而後可飲。又東，女真，善射，多牛、鹿、野狗。其人無定居，行以牛負物，遇雨則張革爲屋。常作鹿鳴，呼鹿而射之，食其生肉。能釀穈爲酒，醉則縛之而睡，醒而後解，不然，則殺人。又東南，渤海，又東，遼國，皆與契丹略同。其南海曲，有魚鹽之利。又南，奚，與契丹略同，而人好殺戮。又南，至于榆關矣，西南至儒州，皆故漢地。西則突厥、回紇。西北至嫗厥律，其人長大，髦頭，酋長全其髮，盛以紫囊。地苦寒，水出大魚，契丹仰食。又多黑、白、黄貂鼠皮，北方諸國皆仰足。其人最勇，隣國不敢侵。又其西，轄戛，又其北，單于突厥，皆與嫗厥律略同。又北，黑車子，善作車帳，其人知孝義，地貧無所產。云契丹之先，常役回紇，後背之走黑車子，始學作車帳。又北，牛蹄突厥，人身牛足，其地尤寒，水曰瓠瓟河，夏秋冰厚二尺，春冬冰徹底，常燒器銷冰乃得飲。東北，至韈劫子，其人髦首，披布爲衣，不鞍而騎，大弓長箭，尤善射，遇人輒殺而生食其肉，契丹等國皆畏之。契丹五騎遇一韈劫子，則皆散走。其國三面皆室韋：一曰室韋，二曰黄頭室韋，三曰獸室韋。其地多銅、鐵、金、銀，其人工巧，銅鐵諸器皆精好，善織毛錦。地尤寒，馬溺至地成冰堆。又北，狗國，人身狗首，長毛不衣，手搏猛獸，語爲犬嘷，其妻皆人，能漢語，生男爲狗、女爲人，自相婚嫁，穴居食生，而妻女人食。云嘗有中國人至其國，其妻憐之，使逃歸，與其筯十餘隻，教其每走十餘里遺一筯，狗夫追之，見其家物，必銜而歸，則不能追矣。」其說如此。又曰：「契丹嘗選百里馬二十匹，遣十人賫乾𩛩北行，窮其所見。其人自黑車子，歷牛蹄國以北，行一年，經四十三城，居人多以木皮爲屋，其語言無譯者，不知其國地、山川、部族、名號。其地氣，遇平地則温和，山林則寒冽。至三十三城，得一人，能鐵甸語，其言頗可解，云地名頡利烏于邪堰。云『自此以北，龍蛇猛獸、魑魅羣行，不可往矣』。其人乃還。此北荒之極也。」

契丹謂嶠曰：「夷狄之人豈能勝中國？然晉所以敗者，主暗而臣不忠。」因具道諸國事，曰：「子歸悉以語漢人，使漢人努力事其主，無爲夷狄所虜，吾國非人境也。」嶠歸，録以爲陷虜記云。【一一】

【一一】契丹年號，諸家所記，舛謬非一，莫可考正，惟嘗見於中國者可據也。據耶律德光立晉高祖册文云〔八〕：「惟天顯九年歲次丙申〔九〕。」是歲，乃晉天福元年。推而上之，得唐天成三年戊子，爲天顯元年。按契丹附録〔一〇〕，德光與唐明宗同年而立，立三年改元天顯，與此正合矣。又據開運四年德光滅晉入汴，肆赦，稱會同十年。推而上之，得天福三年爲會同元年，是天顯盡十年，而十一年改爲會同矣。惟此二者〔一一〕，其據甚明，餘皆不足考也。附録所載夷狄年號，多略不書，蓋無所用，故不必備也。

校勘記

〔一〕遥領武信軍節度使　「武信」，通鑑卷二七八作「昭信」。舊五代史卷四四唐明宗紀十、遼史卷七二義宗傳敍其事皆作「虔州節度使」。按昭信軍治虔州，武信軍治遂州。

〔二〕白再榮　原作「白再筠」，據宗文本、本書卷四八白再榮傳改。

〔三〕據定州　舊五代史卷一〇〇漢高祖紀下敍其事云：「麻荅與河陽節度使崔廷勳、洛京留守劉晞，並奔定州。」通鑑卷二八七略同。「據」上疑有脱文。

〔四〕漢乾祐元年　舊五代史卷一〇三漢隱帝紀下、五代會要卷二九、通鑑卷二八九繫其事於乾祐三年。

〔五〕馬不甚嘶鳴　「甚」字原闕，據宗文本、類要卷三六北狄引五代史補。

〔六〕火神淀　原作「大神淀」，據宋丙本、宗文本、通鑑卷二九〇、契丹國志契丹國九主年譜改。按遼史卷三七地理志一有火神淀，通鑑卷二九〇胡注引宋白曰：「火神淀在新州西。」

〔七〕入永定關北　宗文本作「入永定關」。

〔八〕據耶律德光立晉高祖册文云　「云」，原作「據」，據宋丙本、宗文本改。

〔九〕惟天顯九年歲次丙申　「惟」，原作「推」，據宋丙本、宗文本改。

〔一〇〕按契丹附録　「按」，原作「云」，據宋丙本、宗文本改。

〔一一〕惟此二者　「惟」，原作「推」，據宋丙本、宗文本改。

新五代史卷七十四

四夷附録第三

奚，本匈奴之別種。當唐之末，居陰涼川，在營府之西，幽州之西北〔一〕，皆數百里。有人馬二萬騎。分爲五部：一曰阿薈部，二曰啜米部，三曰粤質部，四曰奴皆部，五曰黑訖支部〔二〕。後徙居琵琶川，在幽州東北數百里。地多黑羊；馬趫前，蹄堅善走。其登山逐獸，下上如飛。

契丹阿保機彊盛，室韋、奚、霫皆服屬之。奚人常爲契丹守界上，而苦其苛虐，奚王去諸怨叛，以別部西徙嬀州，依北山射獵，常採北山麝香、仁參賂劉守光以自託。其族至數千帳，始分爲東、西奚。去諸之族，頗知耕種，歲借邊民荒地種穄，秋熟則來穫，窖之山下，人莫知其處。爨以平底瓦鼎，煮穄爲粥，以寒水解之而飲。

去諸卒，子掃剌立。莊宗破劉守光，賜掃剌姓李，更其名紹威。紹威卒，子拽剌立。

同光以後，紹威父子數遣使朝貢。初，紹威娶契丹女舍利逐不魯之姊爲妻，後逐不魯叛亡入西奚，紹威納之。晉高祖入立，割幽州、鴈門以北入于契丹，是時，紹威與逐不魯皆已死，耶律德光已立晉北歸，拽剌迎謁馬前，德光曰：「非爾罪也。負我者，掃剌與逐不魯爾。」乃發其墓，粉其骨而颺之。後德光滅晉，拽剌常以兵從。其後不復見於中國。

自去諸徙嬀州，自別爲西奚，而東奚在琵琶川者，亦爲契丹所并，不復能自見云。

吐渾，本號吐谷渾，或曰乞伏乾歸之苗裔。自後魏以來，名見中國，居於青海之上。當唐至德中，爲吐蕃所攻，部族分散，其内附者，唐處之河西。其大姓有慕容、拓拔、赫連等族。懿宗時，首領赫連鐸爲陰山府都督，與討龐勛，以功拜大同軍節度使。爲晉王所破，其部族益微，散處蔚州界中。

莊宗時，有首領白承福者，依中山北石門爲柵，莊宗爲置寧朔、奉化兩府，以承福爲都督，賜其姓名爲李紹魯。終唐時，常遣使朝貢中國。

晉高祖立，割鴈門以北入于契丹，於是吐渾爲契丹役屬，而苦其苛暴。是時，安重榮鎮成德，有異志，陰遣人招吐渾入塞，承福等乃自五臺入處中國。契丹耶律德光大怒，遣使者責誚高祖，高祖恐懼，遣供奉官張澄率兵搜索并、鎮、忻、代等州山谷中吐渾驅出之。然晉亦苦契丹，思得吐渾爲緩急之用，陰遣劉知遠鎮太原慰撫之。終高祖時，承福數遣使者朝貢。後出帝與契丹絶盟，召承福入朝，拜大同軍節度使，待之甚厚。契丹與晉相距于河，承福以其兵從出帝禦虜。是歲大熱，吐渾多疾死，乃遣承福歸太原，居之嵐石之間。劉知遠稍侵辱之，承福謀復亡出塞，知遠以兵圍其族，殺承福及其大姓赫連海龍、白可久、白鐵匱等，其羊馬貲財鉅萬計，皆籍没之，其餘衆以其別部王義宗主之。吐渾遂微，不復見。

初，唐以承福之族爲熟吐渾。長興中，又有生吐渾杜每兒來朝貢。每兒，不知其國地、部族。至漢乾祐二年，又有吐渾何戛剌來朝貢，不知爲生、熟吐渾，蓋皆微，不足考録。

達靼，靺鞨之遺種，本在奚、契丹之東北，後爲奚、契丹所攻〔三〕，而部族分散，或屬契丹，或屬渤海，其別部散居陰山者〔四〕，自號達靼。當唐末，以名見中國。有每相温、于越相温，咸通中，從朱邪赤心討龐勛。其後李國昌、克用父子爲赫連鐸等所敗，嘗亡入達靼。

後從克用入關破黄巢，由是居雲代之間。其俗善騎射，畜多駝、馬。其君長、部族名字，不可究見，惟其嘗通於中國者可見云。

同光中，都督折文逋數自河西來貢駝、馬。明宗討王都於定州，都誘契丹入寇，明宗詔達靼入契丹界，以張軍勢，遣宿州刺史薛敬忠以所獲契丹團牌二百五十及弓箭數百賜雲州生界達靼，蓋唐常役屬之。長興三年，首領頡哥率其族四百餘人來附。訖于顯德，常來不絶。

党項，西羌之遺種。其國在禹貢析支之地，東至松州，西接葉護，南界舂桑〔五〕，北鄰吐渾，有地三千餘里。無城邑而有室屋，以毛罽覆之。其人喜盜竊而多壽，往往百五六十歲。其大姓有細封氏、費聽氏、折氏〔六〕、野利氏〔七〕，拓拔氏爲最彊。唐德宗時，党項諸部相率内附，居慶州者號東山部落，居夏州者號平夏部落。部有大姓而無君長，不相統一，散處邠寧、鄜延、靈武、河西，東至麟府之間。自同光以後，大姓之彊者各自來朝貢。

明宗時，詔沿邊置場市馬，諸夷皆入市中國，而回鶻、党項馬最多。明宗招懷遠人，馬來無駑壯皆售，而所讎常過直，往來館給，道路倍費。其每至京師，明宗爲御殿見之，勞以酒食，既醉，連袂歌呼，道其土風以爲樂，去又厚以賜賚，歲耗百萬計。唐大臣皆患之，數以爲言。乃詔吏就邊場售馬給直，止其來朝，而党項利其所得，來不可止。其在靈慶之間者，數犯邊爲盜。自河西回鶻朝貢中國，道其部落，輒邀劫之，執其使者，賣之佗族，以易牛馬。明宗遣靈武康福、邠州藥彦稠等出兵討之。福等擊破阿埋、韋悉、褒勒、彊賴、埋厮骨尾，及其大首領連香、李八薩王、都統悉那、埋摩、侍御乞埋、嵬悉逋等族〔八〕，殺數千人，獲其牛羊鉅萬計及其所劫外國寶玉等，悉以賜軍士，由是党項之患稍息。

至周太祖時，府州党項尼也六泥香王子、拓拔山等皆來朝貢。廣順三年，慶州刺史郭彦欽貪其羊馬，侵擾諸部，獨野鷄族彊不可近，乃誣其族犯邊。太祖遣使招慰之。野鷄族苦彦欽，不肯聽命，太祖遣邠州折從阮、寧州刺史張建武等討之。建武勇於立功，不能通夷情，馳軍擊野鷄族，殺數百人。而喜玉〔九〕、折思、殺牛三族聞建武擊破野鷄族，各以牛酒犒軍，軍士利其物，反劫掠之。三族共誘建武軍至包山，度險，三族共擊之，軍投崖谷，死傷甚衆。太祖怒，罪建武等，選良吏爲慶州刺史以招撫之。

其佗諸族，散處沿邊界上者甚衆，然其無國地、君長，故莫得而紀次云。

突厥，國地、君世、部族、名號、物俗，見於唐著矣。至唐之末，爲諸夷所侵，部族微散。五代之際，嘗來朝貢。同光三年，渾解樓來。天成二年，首領張慕晉來。長興二年，首領杜阿熟來。天福六年，遣使者薛同海等來。凡四至，其後不復來。然突厥於時最微，又來不數，故其君長，史皆失不能紀。

吐蕃，國地、君世、部族、名號、物俗，見於唐著矣。當唐之盛時，河西、隴右三十三州，涼州最大，土沃物繁而人富樂。其地宜馬，唐置八監，牧馬三十萬匹。以安西都護府羈縻西域三十六國。唐之軍、鎮、監、務，三百餘城，常以中國兵更戍，而涼州置使節度之。安禄山之亂，肅宗起靈武，悉召河西兵赴難，而吐蕃乘虛攻陷河西、隴右，華人百萬皆陷于虜。文宗時，嘗遣使者至西域，見甘、涼、瓜、沙等州城邑如故，而陷虜之人見唐使者，夾道迎呼，涕泣曰：「皇帝猶念陷蕃人民否？」其人皆天寶時陷虜者子孫，其語言稍變，而衣服猶不改。

至五代時，吐蕃已微弱，回鶻、党項諸羌夷分侵其地，而不有其人民。值中國衰亂，不能撫有，惟甘、涼、瓜、沙四州常自通于中國。甘州爲回鶻牙，而涼、瓜、沙三州將吏猶稱唐官，數來請命。自梁太祖時，嘗以靈武節度使兼領河西節度，而觀察甘、肅、威等州。然雖有其名，而涼州自立守將。唐長興四年，涼州留後孫超遣大將拓拔承謙及僧、道士、耆老楊通信等至京師求旌節。明宗問孫超世家，承謙曰：「吐蕃陷涼州，張掖人張義朝募兵擊走吐蕃〔一〇〕，唐因以義朝爲節度使，發鄆州兵二千五百人戍之。唐亡，天下亂，涼州以東爲突厥、党項所隔，鄆兵遂留不得返。今涼州漢人皆其戍人子孫也。」明宗乃拜孫超節度使。清泰元年，留後李文謙來請命。後數年，涼州人逐出文謙，靈武馮暉遣牙將吴繼勳代文謙爲留後〔一一〕，是時天福七年。明年〔一二〕，晉高祖遣涇州押牙陳延暉賫詔書安撫涼州，涼州人共劫留延暉，立以爲刺史。至漢隱帝時，涼州留後折逋嘉施來請命，漢即以爲節度使。嘉施，土豪也。周廣順二年，嘉施遣人市馬京師，因來請命帥。是時，樞密使王峻用事，峻故人申師厚者，少起盜賊，爲兗州牙將，與峻相友善，後峻貴，師厚敝衣蓬首，日候峻出，拜馬前，訴以饑寒，峻未有以發。而嘉施等來請帥，峻即建言：「涼州深入夷狄，中國未嘗命吏，請募率府率、供奉官能往者。」月餘，無應募者，乃奏起師厚爲左衛將軍，已而拜河西節度使。師厚至涼州，奏薦押蕃副使崔虎心〔一三〕、陽妃谷首領沈念般等及中國留人子孫王廷翰、温崇樂、劉少英爲將吏〔一四〕。又自安國鎮至涼州〔一五〕，立三州以控扼諸羌，用其酋豪爲刺史。然涼州夷夏雜處，師厚小人，不能撫有。至世宗時，師厚留其子而逃歸，涼州遂絶於中國。獨瓜、沙二州，終五代常來。沙州，梁開平中有節度使張奉，自號「金山白衣天子」。至唐莊宗時，回鶻來朝，沙州留後曹義金亦遣使附回鶻以來，莊宗拜義金爲歸義軍節度使、瓜沙等州觀察處置等使。晉天福五年，義金卒，子元德立。至七年，沙州曹元忠、瓜州曹元深皆遣使來。周世宗時，又以元忠爲歸義軍節度使、元恭爲瓜州團練使〔一六〕。其所貢硇砂、羚羊角、波斯錦、安西白氎、金星礬、胡桐律、大鵬砂、毦褐、玉團。皆因其來者以名見，而其卒立、世次，史皆失其紀。

而吐蕃不見於梁世。唐天成三年，回鶻王仁喻來朝，吐蕃亦遣使附以來，自此數至中國。明宗嘗御端明殿見其使者，問其牙帳所居，曰：「西去涇州二千里。」明宗賜以虎皮，人一張，皆披以拜，委身宛轉，落其氈帽，亂髮如蓬，明宗及左右皆大笑。至漢隱帝時猶來朝，後遂不復至，史亦失其君世云。

回鶻，爲唐患尤甚。其國地、君世、物俗，見於唐著矣。唐嘗以女妻之，故其世以中國爲舅。其國本在娑陵水上，後爲黠戛斯所侵，徙天德、振武之間，又爲石雄、張仲武所破，其餘衆西徙，役屬吐蕃。是時，吐蕃已陷河西、隴右，乃以回鶻散處之。

當五代之際，有居甘州、西州者嘗見中國，而甘州回鶻數至，猶呼中國爲舅，中國答以詔書亦呼爲甥。梁乾化元年，遣都督周易言等來，而史不見其君長名號，梁拜易言等官爵，遣左監門衛上將軍楊沼押領還蕃。至唐莊宗時，王仁美遣使者來，貢玉、馬，自稱「權知可汗」，莊宗遣司農卿鄭續持節册仁美爲英義可汗〔一七〕。是歲，仁美卒，其弟狄銀立，遣都督安千想等來〔一八〕。同光四年，狄銀卒，阿咄欲立。天成二年〔一九〕，權知國事王仁裕遣李阿山等來朝，明宗遣使者册仁裕爲順化可汗。晉高祖時，又册爲奉化可汗。阿咄欲，不知其爲狄銀親疏，亦不知其立卒；而仁裕訖五代常來朝貢，史亦失其紀。其地出玉、犛牛〔二〇〕、緑野馬、獨峯駝、白貂鼠、羚羊角、硇砂、膃肭臍、金剛鑽、紅鹽、罽氈、騊駼之革。其地宜白麥、青鋜麥、黄麻、葱韭、胡荽，以橐駝耕而種。其可汗常樓居，妻號天公主，其國相號媚禄都督。見可汗，則去帽被髪而入以爲禮。婦人總髪爲髻，高五六寸，以紅絹囊之，既嫁，則加氈帽。又有别族號龍家，其俗與回紇小異。長興四年，回鶻來獻白鶻一聯，明宗命解縧放之。自明宗時，常以馬市中國，其所賫寶玉皆鬻縣官〔二一〕，而民犯禁爲市者輒罪之。周太祖時除其禁，民得與回鶻私市，玉價由此倍賤。顯德中，來獻玉，世宗曰：「玉雖寶而無益。」却之。

于闐，國地、君世、物俗見於唐。五代亂世，中國多故，不能撫來四夷。其嘗自通於中國者僅以名見，其君世、終始，皆不可知。而于闐尤遠，去京師萬里外。其國西南近葱嶺，與婆羅門爲鄰國，而相去猶三千餘里，南接吐蕃，西北至疏勒二千餘里。

晉天福三年，于闐國王李聖天遣使者馬繼榮來貢紅鹽、鬱金、犛牛尾、玉、㲲等，晉遣供奉官張匡鄴假鴻臚卿，彰武軍節度判官高居誨爲判官〔一二〕，册聖天爲大寶于闐國王。是歲冬十二月，匡鄴等自靈州行二歲至于闐，至七年冬乃還。而居誨頗記其往復所見山川諸國，而不能道聖天世次也。

居誨記曰：「自靈州過黄河，行三十里，始涉沙入党項界，曰細腰沙、神點沙〔一三〕。至三公沙，宿月支都督帳。自此沙行四百餘里，至黑堡沙，沙尤廣，遂登沙嶺。沙嶺，党項牙也，其酋曰捻崖天子。渡白亭河至涼州，自涼州西行五百里至甘州。甘州，回鶻牙也。其南，山百餘里，漢小月支之故地也，有别族號鹿角山沙陀，云朱耶氏之遺族也。自甘州西，始涉磧，磧無水，載水以行。甘州人教晉使者作馬蹄木澀，木澀四竅，馬蹄亦鑿四竅而綴之，駝蹄則包以犛皮乃可行。西北五百里至肅州，渡金河，西百里出天門關，又西百里出玉門關，經吐蕃界。吐蕃男子冠中國帽，婦人辮髮，戴瑟瑟珠，云珠之好者，一珠易一良馬。西至瓜州、沙州，二州多中國人，聞晉使者來，其刺史曹元深等郊迎，問使者天子起居。瓜州南十里鳴沙山，云冬夏殷殷有聲如雷，云禹貢流沙也。又東南十里三危山，云三苗之所竄也。其西，渡都鄉河曰陽關。沙州西曰仲雲族[二四]，其牙帳居胡盧磧。云仲雲者，小月支之遺種也，其人勇而好戰，瓜、沙之人皆憚之。胡盧磧，漢明帝時征匈奴，屯田於吾盧，蓋其地也。地無水而嘗寒多雪，每天暖雪銷，乃得水。匡鄴等西行入仲雲界，至大屯城，仲雲遣宰相四人、都督三十七人候晉使者，匡鄴等以詔書慰諭之，皆東向拜。自仲雲界西，始涉鹻磧，無水，掘地得濕沙，人置之胸以止渴。又西，渡陷河，伐檉置水中乃渡，不然則陷。又西，至紺州，紺州，于闐所置也，在沙州西南，云去京師九千五百里矣。又行二日至安軍州，遂至于闐。聖天衣冠如中國，其殿皆東向，曰金册殿，有樓曰七鳳樓。以蒲桃爲酒，又有紫酒、青酒，不知其所釀，而味尤美。其食，粳沃以蜜，粟沃以酪。其衣，布帛。有園圃花木。俗喜鬼神而好佛。聖天居處，嘗以紫衣僧五十人列侍，其年號同慶二十九年。其國東南曰銀州、盧州、湄州，其南千三百里曰玉州，云漢張騫所窮河源出于闐，而山多玉者，此山也。其河源所出，至于闐分爲三：東曰白玉河，西曰緑玉河，又西曰烏玉河。三河皆有玉而色異，每歲秋水涸，國王撈玉于河，然後國人得撈玉。」

自靈州渡黄河至于闐，往往見吐蕃族帳，而于闐常與吐蕃相攻劫。匡鄴等至于闐，聖天顏責誚之，以邀誓約，匡鄴等還，聖天又遣都督劉再昇獻玉千斤及玉印、降魔杵等。漢乾祐元年，又遣使者王知鐸來。

高麗，本扶餘之別種也〔二五〕。其國地、君世見於唐，比佗夷狄有姓氏，而其官號略可曉其義。當唐之末，其王姓高氏。同光元年〔二六〕，遣使廣評侍郎韓申一、副使春部少卿朴巖來，而其國王姓名，史失不紀。至長興三年，權知國事王建遣使者來，明宗乃拜建玄菟州都督、充大義軍使，封高麗國王。建，高麗大族也。開運二年，建卒，子武立。乾祐四年，武卒，子昭立。王氏三世，終五代常來朝貢，其立也必請命中國，中國常優答之。其地産銅、銀，周世宗時，遣尚書水部員外郎韓彥卿以帛數千匹市銅於高麗以鑄錢。六年，昭遣使者貢黃銅五萬斤。高麗俗知文字，喜讀書，昭進別敍孝經一卷、越王新義八卷、皇靈孝經一卷、孝經雌圖一卷〔二七〕。別敍，敍孔子所生及弟子事迹；越王新義，以「越王」爲問目〔二八〕，若今「正義」；皇靈，述延年辟穀〔二九〕；雌圖，載日食、星變。皆不經之說。

渤海，本號靺鞨，高麗之別種也。唐高宗滅高麗，徙其人散處中國，置安東都護府於平壤以統治之。武后時，契丹攻北邊，高麗別種大乞乞仲象與靺鞨酋長乞四比羽走遼東，分王高麗故地，武后遣將擊殺乞四比羽，而乞乞仲象亦病死。仲象子祚榮立，因并有比羽之衆，其衆四十萬人，據挹婁，臣于唐。至中宗時，置忽汗州，以祚榮爲都督，封渤海郡王，其後世遂號渤海，其貴族姓大氏。開平元年，國王大諲譔遣使者來，訖顯德常來朝貢。其國土物産，與高麗同。諲譔世次、立卒，史失其紀。

新羅，弁韓之遺種也。其國地、君世、物俗見於唐。其大族曰金氏、朴氏，自唐高祖時封金真爲樂浪郡王，其後世常爲君長。同光元年，新羅國王金朴英遣使者來朝貢。長興四年，權知國事金溥遣使來。朴英、溥世次、卒立，史皆失其紀。自晉已後不復至。

黑水靺鞨，本號勿吉。當後魏時見中國。其國東至海，南界高麗，西接突厥，北鄰室韋，蓋肅慎氏之地也。其衆分爲數十部，而黑水靺鞨最處其北，尤勁悍，無文字之記。其兵，角弓、楛矢。同光二年，黑水兀兒遣使者來，其後常來朝貢，自登州泛海出青州。明年，黑水胡獨鹿亦遣使來。兀兒、胡獨鹿若其兩部酋長，各以使來。而其部族、世次、立卒，史皆失其紀。至長興三年，胡獨鹿卒，子桃李花立，嘗請命中國，後遂不復見云。

南詔蠻，見於唐。其國在漢故永昌郡之東、姚州之西。僖宗幸蜀，募能使南詔者，得宗室子李龜年及徐虎〔三〇〕、虎姪藹，乃以龜年爲使、虎爲副、藹爲判官，使南詔。南詔所居曰苴咩城，龜年等不至苴咩，至善闡，得其要約與唐爲甥舅。僖宗許以安化公主妻之，南詔大喜，遣人隨龜年求公主，已而黄巢敗，收復長安，僖宗東還乃止。

同光三年，魏王繼岌及郭崇韜等破蜀，得王衍時所俘南詔蠻數十人，又得徐藹，自言嘗使南詔，乃矯詔還其所俘，遣藹等持金帛招撫南詔，諭以威德，南詔不納。至明宗時，巂州山後兩林百蠻都鬼主、右武衞大將軍李卑晚，遣大鬼主傅能何華來朝貢〔三一〕，明宗拜卑晚寧遠將軍，又以大渡河南山前邛州六姓都鬼主〔三二〕、懷安郡王勿定摽莎爲定遠將軍。明年，遣左金吾衞將軍烏昭遠爲入蠻國信使〔三三〕，昭遠不能達而還。

牂牁蠻，在辰州西千五百里〔三四〕，以耕植爲生，而無城郭聚落，有所攻擊，則相屯聚。刻木爲契。其首領姓謝氏，其名見於唐。至天成二年嘗一至，其使者曰清州八郡刺史宋朝化，冠帶如中國，貢草豆蔻二萬箇、朱砂五百兩、蠟二百斤。

昆明，在黔州西南三千里外，地産羊馬。其人椎髻、跣足、披氈，其首領披虎皮。天成二年嘗一至，其首領號昆明大鬼主，羅殿王、普露靜王九部落，各遣使者來，使者號若土，附牂牁以來。

占城，在西南海上。其地方千里，東至海，西至雲南，南鄰真臘，北抵驩州。其人俗與大食同。其乘，象、馬；其食，稻米、水兕、山羊。鳥獸之奇，犀、孔雀。自前世未嘗通中國。顯德五年，其國王因德漫遣使者莆訶散來，貢猛火油八十四瓶、薔薇水十五瓶，其表以貝多葉書之，以香木爲函。猛火油以灑物，得水則出火。薔薇水，云得自西域，以灑衣，雖敝而香不滅。

五代，四夷見中國者，遠不過于闐、占城。史之所紀，其西北頗詳，而東南尤略，蓋其遠而罕至，且不爲中國利害云。

校勘記

〔一〕幽州之西北　「西北」，原作「西南」，據通鑑卷二六六胡注引歐史改。按通鑑胡注引宋白稱奚「西南去幽州九百里」，五代會要卷二八作「南去幽州九百里」。

〔二〕五曰黑訖支部　「黑訖支部」，通鑑卷二六六胡注引歐史同，宋丙本、宗文本作「墨訖支部」。

〔三〕後爲奚契丹所攻　「奚」字原闕，據宗文本補。按通鑑卷二五三胡注引宋白曰：「奚、契丹漸盛，多爲攻劫。」建炎以來朝野雜記乙集卷一九亦云其爲「奚契丹所攻」。

〔四〕其別部散居陰山者　「其」字原闕，據宗文本補。

〔五〕南界春桑　「春桑」，原作「舂桑」，據宋丙本、舊唐書卷一九八党項羌傳、新唐書卷二二一党項傳、通典卷一九〇、唐會要卷九八、五代會要卷二九改。

〔六〕折氏　五代會要卷二九作「析利氏」，舊唐書卷一九八党項羌傳、新唐書卷二二一党項傳、宋史卷四九一党項傳、通典卷一九〇、唐會要卷九八、通鑑卷一九三、太平寰宇記卷一八四作「往利氏」。

〔七〕野利氏　舊唐書卷一九八党項羌傳、新唐書卷二二一党項傳、通典卷一九〇、唐會要卷九八、五代會要卷二九、通鑑卷一九三、太平寰宇記卷一八四作「野辭氏」。

〔八〕及其大首領連香李八薩王都統悉那埋摩侍御乞埋嵬悉逋等族　「等族」，五代會要卷二九敍其事作「六人」，册府卷三九八敍其事作「六十人」。

〔九〕喜玉　五代會要卷二九作「喜王」。

〔一〇〕張義朝　舊唐書卷一八下宣宗紀、新唐書卷八宣宗紀、卷二一六下吐蕃傳、通鑑卷二四九、唐會要卷七一作「張義潮」。敦煌文書伯三六二〇卷末題未年三月廿五日學生張議潮寫，按此卷係張議潮自書。本卷下一處同。

〔一一〕吴繼勳　舊五代史卷一三八吐蕃傳作「吴繼興」。

〔一二〕是時天福七年明年　舊五代史卷八〇晉高祖紀六、册府卷九八〇、通鑑卷二八二皆繫李文謙自焚於天福六年二月。又據舊五代史卷八〇晉高祖紀六，晉高祖崩於天福七年六月。

〔一三〕奏薦押蕃副使崔虎心　「押蕃副使」，原作「押衙副使」，據宋丙本改。五代會要卷三〇作「押蕃副使」。

〔一四〕陽妃谷首領沈念般等及中國留人子孫王廷翰温崇樂劉少英爲將吏　「王廷翰」、「温崇樂」，册府卷一七〇作「王庭澣」、「温崇業」。

〔一五〕又自安國鎮至涼州　「鎮」字原闕，據宗文本、舊五代史卷一三八吐蕃傳、五代會要卷二九、册府卷一七〇補。

〔一六〕元恭爲瓜州團練使　「元恭」，舊五代史卷一三八吐蕃傳、册府卷一七〇同，續資治通鑑長編卷三：「（建隆三年正月丙子）加……元忠子延敬爲瓜州防禦使，賜名延恭。」按敦煌榆林窟第七窟供養人題記、莫高窟第四百四十四窟供養人題記、又第四百五十四窟供養人題記及伯三八二七、伯三六六〇太平興國四年四月曹延禄牒作「延恭」。延恭有弟名延禄，兄弟名皆有「延」字。

〔一七〕鄭續　舊五代史卷一三八回鶻傳作「鄭續」，五代會要卷二八作「鄭質」。

〔一八〕安千想　本書卷五唐本紀、五代會要（四庫本）卷二八同，舊五代史卷一三八回鶻傳、五代會要卷二八作「安千」。

〔一九〕天成二年　本書卷六唐本紀、舊五代史卷一三八回鶻傳、五代會要卷二八、册府卷九七二皆繫其事於天成三年。

〔二〇〕犛牛　「牛」字原闕，據宋丙本、宗文本、文獻通考卷三四七補。

〔二一〕其所賫寶玉皆鬻縣官　「鬻」，原作「屬」，據宋丙本、宗文本、文獻通考卷三四七改。舊五代史卷一三八回鶻傳敍其事作「其所有寶貨者皆鬻之入官」。

〔二二〕高居誨　重修政和經史證類備用本草卷三引蘇頌本草圖經、遊宦紀聞卷五、演繁露卷一、宋史卷二〇四藝文志三作「平居誨」。

〔二三〕神點沙　宋丙本、書蔡氏傳旁通卷二引五代史、文獻通考卷三三七作「神樹沙」。

〔二四〕沙州西曰仲雲族　「族」字原闕，據宋丙本、宗文本、文獻通考卷三三七補。

〔二五〕本扶餘之別種也　「扶餘」下原有「人」字，據宗文本、舊五代史卷一三八高麗傳、五代會要卷三〇刪。

〔二六〕同光元年　五代會要卷三〇繫其事於同光三年。按本書卷五唐本紀、舊五代史卷三三唐莊宗紀三皆記同光三年有高麗使來。

〔二七〕孝經雌圖一卷　「一卷」，舊五代史卷一一〇周恭帝紀、五代會要卷三〇、册府卷九七二作「三卷」。

〔二八〕以越王爲問目　「越王」二字原闕，據宗文本、五代會要卷三〇、文昌雜録卷六、玉海卷四一、文獻通考卷三二五補。

〔二九〕述延年辟穀　「辟穀」，五代會要卷三〇、文獻通考卷三二五作「避災」。

〔三〇〕徐虎　册府卷三九七作「徐虔」。本卷下文同。

〔三一〕傳能何華　本書卷六唐本紀同，舊五代史卷三七唐明宗紀三、册府卷九六二、卷九七二作「傳能阿花」，五代會要卷三〇作「傳能阿花」。

〔三〕又以大渡河南山前邛州六姓都鬼主　「邛」，原作「印」，據宋丙本、舊五代史卷三七唐明宗紀三、五代會要卷三〇改。「州」，舊五代史卷三七唐明宗紀三、五代會要卷三〇作「川」。

〔三〕烏昭遠　原作「馬昭遠」，據宋丙本、舊五代史卷三八唐明宗紀四、五代會要卷三〇、册府卷六六二改。

〔四〕在辰州西千五百里　五代會要卷三〇敍其事作「東至辰州二千四百里，南至交州一千五百里」，舊唐書卷一九七南蠻傳、新唐書卷二二二南蠻傳下、宋史卷四九六西南諸夷傳略同。

附録

五代史記序

建安陳師錫

孟子曰：「三代之得天下也以仁，其失天下也以不仁。」自生民已來，一治一亂，旋相消長，未有去仁而興，積仁而亡者。甚哉五代不仁之極也！其禍敗之復，殄滅剥喪之威，亦其效耳。夫國之所以存者以有民，民之所以生者以有君。方是時，上之人以慘烈自任，刑戮相高，兵革不休，夷滅構禍，置君猶易吏，變國若傳舍。生民膏血塗草野，骸骼暴原隰。君民相眎如髦蠻草木，幾何其不胥爲夷也！逮皇天悔禍，真人出寧，易暴以仁，轉禍以德，民咸保其首領，收其族屬，各正性命，豈非天邪？方夷夏相蹂，兵連亂結，非無忠良豪傑之士竭謀單智以緩民之死，乃堙没而無聞矣。否閉極而泰道升，聖人作而萬物覩，指揮中原，兵不頓刃，向之滔天巨猾、摇毒煽禍以害斯人者，蹈鼎鑊斧鑕之不暇，豈非人邪？天與人相爲表裏，和同於無間。聖人知天之所助、人之所歸、國之所恃以爲固者，仁而已。五代非特三代然也，堯舜之盛、唐漢之興、秦隋之暴、魏晉之亡、南北之亂，莫不由此也。

鉅今百有餘年，故老遺俗往往垂絶，無能道説者。史官秉筆之士，或文采不足以耀無窮，道學不足以繼述作，使五十有餘年間廢興存亡之迹、姦臣賊子之罪、忠臣義士之節不傳於後世，來者無所致焉。惟廬陵歐陽公慨然以此自任，蓋潛心累年而後成書，其事迹實録詳於舊記，而褒貶義例仰師春秋，由遷固而來，未之有也。至於論朋黨宦女、忠孝兩全、義子降服，豈小補哉，豈小補哉！

宋甲本題跋

章鈺　傅增湘

壬戌十二月，自津來京。二十三日，沅叔同年招游藏園，并集同好五舉祭書之典。是年沅叔所得爲北宋本五代史記十二卷、北宋本唐百家詩選、宋本義豐集一卷、宋巾箱本四朝名臣言行録二卷、宋本揚子法言十卷、宋本太玄經一卷、宋本播芳大全文粹四卷、宋本尚書注疏二十卷、元本遼史一百十六卷、元本蒲道源閑居叢稿十三卷、元本道園類稿五十卷、明藏本墨子十五卷，尤爲銘心絶品。墨緣書福，歲益光大，敬書歐史卷端，以志盛集。長洲章鈺記。

汾陽王式通、仁和吴昌綬同觀。

是日同集者，嘉定徐禎祥、長白彦悳、蕭山朱文鈞、吴興徐鴻寶、吴江沈兆奎、豐潤張允亮。期而不至者，仁和王克敏、豐潤張恂。年年與祭而以歲暮南歸者，江寧鄧邦述也。

祭書方畢，書友魏經腴又持歐史序目一卷來，以百番易之。「厚價收書不似貧」，殆爲我詠矣。傅增湘附記。

百衲本跋

張元濟

此宋刊五代史記，朗、匡、貞、徵、戍、讓、煦、慎、敦皆闕末筆，卷十八漢家人傳後有「慶元五年魯曾三異校定」一行，當爲寧宗時刊本。此爲建陽坊刻，書中時有訛奪，然佳處正復不少。宋吴縝五代史纂誤於是書糾摘綦詳，如唐明宗紀贊：「其即位時，春秋已高，不邇聲色，不樂遊畋，在位十年」，謂「明宗在位止七年七月，可强名八年，以爲十年則誤」。此本固作「七年」。唐家人皇后劉氏傳：「同光二年四月己卯，皇帝御文明殿，遣使册劉氏爲皇后」，謂「按莊宗紀，乃是同光二年二月癸未立皇后劉氏，與此不同，未知孰是」。此本固作「同光二年癸未」，但脱去「二月」二字。周臣傳贊：「治君之用，能置賢知於近」，謂「按上下文意，此『治君之用』當是『治國之君』傳寫之誤爾」。此本固作「治國之君」。義兒李存孝傳：「求救于幽州李斥威，斥威兵至」，謂「按王鎔傳，乃是李匡威，作『斥』則非」。此本固作「匡威」。是可見此所從出之本勝於吴氏所見。如謂曾氏據纂誤改正，則吴氏所舉甚多，何僅取此數條耶？

他如唐莊宗紀下：「降於李嗣源，嗣源入於汴州」，不脱下「嗣源」二字。晉出帝紀：

「如京使李仁廓使於契丹」，「如京」下無「師」字。梁家人皇后張氏傳：「天祐元年，后以疾卒」，「天祐」不誤「天福」。晉家人高祖諸子傳：「重胤郯王」，不誤「鄭王」。宦者傳：「漢瓊西迎廢帝於路」，「路」不誤「潞」。職方考：「秦成階鳳四州均蜀有」，不誤「漢有」。南漢劉鋹世家：「鋹喜曰：『昭桂連賀，本屬湖南。』」「昭桂」不誤「韶桂」。皆與吳蘭庭五代史記纂誤補所訂正者合。

又周太祖紀：「請立武寧軍節度使贇爲嗣」，「武寧」不誤「泰寧」。唐家人皇后劉氏傳：「後嫁契丹突欲李贊華」，「突欲」不誤「突厥」。康福傳：「乃拜福涼州刺史、朔方河西軍節度使」，「刺史」下不脱「朔方」二字。張彥澤傳：「敗契丹於泰州」，不誤「秦州」。司天考二：「天福五年十一月丁丑，月有食之。開運元年三月戊子，月有食之。顯德三年十二月癸酉，月有食之」，均不誤「日食」。職方考：「衍州，周廢」，不誤「周有」；「定州，梁有。義武」，不誤「義成」。南唐李景世家：「始改名景」，不誤「璟」。閩王審知世家：「唐以福州爲威武軍」，不誤「武威」。皆與錢大昕廿二史考異所訂正者合。

又梁太祖紀一：「天子復位」，不誤「復立」。紀二：「赦流罪以下囚」，不誤「以下因」。梁末帝紀：「劉鄩爲兗州安撫制置使以討之」，「制置」下不脱「使」字。唐家人太祖諸子傳：「以兵圍其第而誅之」，不誤「族之」。郭崇韜傳：「彥章圍之」，不誤「圖之」。蘇逢吉傳：「獄上中書」，不誤「獄中上書」。楚馬希範世家：「開府承制」，不誤「開封」。皆與王鳴盛十七史商榷所訂正者合。

此外尚有武英殿本及各本之訛誤，前人皆未覺察，亦賴有此本始得考見者。如梁太祖紀二注：「克丹州，無主將姓名」，不脱「克」字。按若無「克」字，則似謂丹州無主將姓名，而正文之「首惡王行思」爲不可通矣。周世宗紀：「殺左羽林大將軍孟漢卿」，不誤「漢瓊」。按舊五代史本紀亦作「漢卿」，又武英殿本考證：「監本脱『瓊』字，今增正。」是則此「瓊」字爲館臣所增。又「及見淤口關，止置寨」，不誤「上置」。按世宗下三關，瓦橋、益津二關皆建爲州，惟淤口關則但置寨，故以作「止」爲是。郭崇韜傳：「梁兵日掠澶、相，取黎陽、衛州」，不脱「取」字。按本書梁末帝紀：「龍德二年八月，段凝攻衛州，執其刺史李存儒」，舊五代史梁末帝紀下：「龍德二年八月，段凝、張朗攻衛州，下之」，蓋衛州本屬唐，此時爲梁所奪，故當有「取」字。周德威傳：「以功遷衙内指揮使」；袁建豐傳：「明宗爲衙内指揮使」；義兒李嗣昭傳：「爲衙内指揮使」，均不誤「内衙」。按唐末至宋初，各鎮將多以親子弟爲衙内官，宋代尚有「某衙内」之稱，其明證也。張延朗傳：「以租庸吏爲鄆州糧料使」，不作「租庸使」。按下文「梁興，始置租庸使，領天下錢穀」，是租庸使爲掌度支最高之職，似無降爲鄆州糧料使之理，則當以「租庸吏」爲是。張敬達傳：「自雁門入，旌旗相屬五十餘里」，「五十」不誤「五千」。按此爲契丹救太原之師，由雁門至太原，安得有五千里之遥？又按四夷附録一：「九月，契丹出雁門，車騎連亘數十里，將至太原」，知不當作「五千」矣。李罕之傳：「遣子顥送于梁以乞兵」，不作「遣子頎」。按下文罕之子名頎者，早留於晉，罕之背晉歸梁，晉王幾欲殺頎，則是往梁乞兵者必是顥，非頎無疑。袁象先傳：「末帝即遣人之魏州，以謀告楊師厚，師厚遣裨將王舜賢至洛陽」，疊見「師厚」二字。按如不疊見，則似末帝徑自遣王舜賢至洛陽矣。高行周傳：「契丹滅晉，留蕭翰守汴，翰又棄去」，不脱下「翰」字。按如無下「翰」字，則似契丹將汴棄去矣。史圭傳：「爲寧晉樂壽縣令」，「寧晉」不誤「晉寧」。按寧晉與樂壽在唐時同屬河北道，地望相近。新唐書昆州有縣四，晉寧居其一，然昆州在巒州之列，隸戎州都督府，且舊唐書又作「普寧」，則作「晉寧」者非矣。南平高季興世家：「季興因請夔忠等州爲屬郡」，「屬」不誤「蜀」。按「屬郡」謂以夔忠等州爲己所屬之郡也，作「蜀」者非。南漢世家篇末注：「皇朝開寶四年」，不誤「宋開寶」。東漢劉承鈞世家：「太祖皇帝嘗因界上諜者」；繼元世家：「太祖皇帝以詔書招繼元出降」，又「太祖皇帝命引汾水浸其城」，又「太宗皇帝御城北高臺受降」，均不脱「皇帝」二字。此蓋未經後人删改，猶足考見歐、徐原文。以上諸條，僅及一二，其他疵纇，殆不勝舉，他日當别爲詳録，以資考證。

卷首序目原有闕葉，改用北宋殘本。卷三十五第九葉，卷五十九第九葉，卷六十第三、四葉，卷六十二第四葉，卷七十四第六至十七葉均寫補，附識於此。海鹽張元濟。

主要參考文獻

一

五代史記七十四卷，百衲本二十四史影印元覆宋慶元五年建刊曾三異校訂本，商務印書館，一九三七年。

五代史記卷一至一四，南宋初撫州刊本，中國國家圖書館藏。

五代史記卷四三至四五、卷四八至五〇，南宋刊宋元遞修本，北京大學圖書館藏。

五代史記七十四卷，南宋初浙江刊宋修本（有補鈔），臺北「國家圖書館」藏。

五代史記七十四卷，中華再造善本影印元宗文書院刻明修本，北京圖書館出版社，二〇〇六年。

五代史記七十四卷，明萬曆四年南京國子監刊本，中華書局圖書館藏。

五代史記七十四卷，明萬曆二十八年北京國子監刊本，中華書局圖書館藏。

二

書蔡氏傳旁通，元陳師凱撰，日本内閣文庫藏元至正五年余氏勤有堂刊本。

十三經注疏，清阮元校刻，中華書局，一九八〇年。

後漢書，南朝宋范曄撰，唐李賢等注，中華書局，一九六五年。

晉書，唐房玄齡等撰，中華書局，一九七四年。

舊唐書，後晉劉昫等撰，中華書局，一九七五年。

新唐書，宋歐陽脩、宋祁撰，中華書局，一九七五年。

舊五代史，宋薛居正等撰，中華書局，一九七六年。

宋史，元脱脱等撰，中華書局，一九七七年。

東都事略，宋王稱撰，「中央圖書館」善本叢刊，一九九一年。

遼史，元脱脱等撰，中華書局，一九七四年。

資治通鑑，宋司馬光編著，元胡三省音注，中華書局，一九五六年。

資治通鑑考異，宋司馬光撰，中華再造善本影印宋紹興二年兩浙東路茶鹽司公使庫刻宋元遞修本，北京圖書館出版社，二〇〇三年。
通鑑釋文辯誤，元胡三省撰，中華再造善本影印元刻本，北京圖書館出版社，二〇〇五年。
續資治通鑑長編，宋李燾撰，中華書局，一九九二年。
通曆，唐馬總等編，山西人民出版社，一九九二年。
五代史補，宋陶岳撰，五代史書彙編，杭州出版社，二〇〇四年。
九國志，宋路振撰，五代史書彙編，杭州出版社，二〇〇四年。
五國故事，宋佚名撰，五代史書彙編，杭州出版社，二〇〇四年。
吴越備史，宋錢儼撰，五代史書彙編，杭州出版社，二〇〇四年。
吴越備史，宋錢儼撰，四部叢刊（續編）景印吴枚菴手鈔本，商務印書館，一九三四年。
蜀檮杌校箋，宋張唐英撰，王文才、王炎校箋，巴蜀書社，一九九九年。
太平治迹統類，宋彭百川撰，景印文淵閣四庫全書本，臺灣商務印書館，一九八六年。
隆平集校證，宋曾鞏撰，王瑞來校證，中華書局，二〇一二年。
南唐書，宋馬令撰，五代史書彙編，杭州出版社，二〇〇四年。
契丹國志，題宋葉隆禮撰，中華書局，二〇一四年。

安南志略，越黎崱撰，中華書局，二〇〇〇年。
十國春秋，清吴任臣撰，中華書局，一九八三年。
敬鄉録，元吴師道撰，叢書集成續編影印適園叢書本，新文豐出版公司，一九八九年。
諸史提要，宋錢端禮撰，中華再造善本影印宋乾道間紹興府學刻本，北京圖書館出版社，二〇〇三年。
京本增修五代史詳節，題宋吕祖謙輯，中華再造善本影印宋刻本，北京圖書館出版社，二〇〇六年。
太平寰宇記，宋樂史撰，中華書局，二〇〇七年。
元豐九域志，宋王存撰，中華書局，一九八四年。
輿地紀勝，宋王象之撰，中華書局，一九九二年。
通典，唐杜佑撰，中華書局，一九八八年。
唐會要，宋王溥撰，上海古籍出版社，二〇〇六年。
五代會要，宋王溥撰，上海古籍出版社，二〇〇六年。
五代會要，宋王溥撰，景印文淵閣四庫全書本，臺灣商務印書館，一九八六年。
宋會要輯稿，清徐松輯，上海古籍出版社，二〇一四年。

宋朝事實，宋李攸撰，中華書局，一九五五年。
建炎以來朝野雜記，宋李心傳撰，中華書局，二〇〇〇年。
文獻通考，元馬端臨撰，中華書局，二〇一一年。
郡齋讀書志校證，宋晁公武撰，孫猛校證，上海古籍出版社，一九九〇年。
鄭堂讀書記，清周中孚著，上海書店出版社，二〇〇八年。
金石萃編，清王昶撰，中國書店，一九八五年。
山右石刻叢編，清胡聘之編，山西人民出版社，一九八八年。
石刻史料新編第一輯，新文豐出版公司，一九七七年。
千唐誌齋藏誌，文物出版社，一九八四年。
北京圖書館藏中國歷代石刻拓本匯編，中州古籍出版社，一九八九年。
隋唐五代墓誌匯編，天津古籍出版社，一九九一年。
新中國出土墓誌河北壹，文物出版社，二〇〇四年。
河洛墓刻拾零，趙君平、趙文成編，北京圖書館出版社，二〇〇七年。
大唐西市博物館藏墓誌，胡戟、榮新江編，北京大學出版社，二〇一二年。
成都出土歷代墓銘券文圖録綜釋，文物出版社，二〇一二年。

山西碑碣，山西人民出版社，一九九七年。
晉陽古刻選隋唐五代墓誌卷，文物出版社，二〇一三年。
五代王處直墓，文物出版社，一九九八年。
五代馮暉墓，重慶出版社，二〇〇一年。
五代李茂貞夫婦墓，科學出版社，二〇〇八年。
五代墓誌彙考，周阿根著，黄山書社，二〇一二年。
五代閩國劉華墓發掘報告，文物一九七五年第一期。
唐重修内侍省碑出土記，保全撰，考古與文物一九八三年第四期。
唐末五代閩王王審知夫婦墓清理簡報，鄭國珍撰，文物一九九一年第五期。
後晉石重貴石延煦墓誌銘考，都興智、田立坤撰，文物二〇〇四年第十一期。
法藏敦煌西域文獻，上海古籍出版社，二〇〇四年。
敦煌莫高窟供養人題記，敦煌研究院編，文物出版社，一九八六年。
中國藏西夏文獻，史金波、陳育寧等編，甘肅人民出版社、敦煌文藝出版社，二〇〇五年。
重修政和經史證類備用本草，宋唐慎微撰，宋寇宗奭衍義，中華再造善本影印蒙古定宗四年張存惠晦明軒刻本，北京圖書館出版社，二〇〇四年。

北夢瑣言，宋孫光憲撰，中華書局，二〇〇二年。

夢溪筆談校證，宋沈括撰，胡道靜校證，上海人民出版社，二〇一一年。

文昌雜録，宋龐元英撰，全宋筆記第二編，大象出版社，二〇〇六年。

遊宦紀聞，宋張世南撰，中華書局，一九八一年。

邵氏聞見録，宋邵伯温撰，中華書局，一九八三年。

容齋隨筆，宋洪邁撰，中華書局，二〇〇五年。

演繁露，宋程大昌撰，全宋筆記第四編，大象出版社，二〇〇八年。

西溪叢語，宋姚寬撰，中華書局，一九九三年。

困學紀聞，宋王應麟撰，清翁元圻等注，上海古籍出版社，二〇〇八年。

太平廣記，宋李昉等撰，中華書局，一九六一年。

元和姓纂（附四校記），唐林寶撰，岑仲勉校記，郁賢皓、陶敏整理，孫望審訂，中華書局，一九九四年。

太平御覽，宋李昉等編，中華書局，一九六〇年。

宋本册府元龜，宋王欽若等編，中華書局，一九八九年。

册府元龜，宋王欽若等編，中華書局，一九六〇年。
類要，宋晏殊撰，四庫存目叢書影印西安文管會藏舊鈔本，齊魯書社，一九九七年。
錦繡萬花谷，宋佚名撰，北京圖書館古籍珍本叢刊影印宋刻本，北京圖書館出版社，一九八九年。
記纂淵海，宋潘自牧撰，中華再造善本影印宋刊本，北京圖書館出版社，二〇〇四年。
名賢氏族言行類稿，宋章定撰，景印文淵閣四庫全書本，臺灣商務印書館，一九八六年。
玉海，宋王應麟纂，江蘇古籍出版社、上海書店，一九八七年。
小字録，宋陳思撰，四部叢刊（三編）影印鐵琴銅劍樓藏明活字本，商務印書館，一九三五年。
永樂大典，明解縉等編，中華書局，一九八六年。
海外新發現永樂大典十七卷，上海辭書出版社，二〇〇三年。
白氏長慶集，唐白居易著，四部叢刊（初編）景日本翻宋大字本，商務印書館，一九二九年。
徐公文集，宋徐鉉著，四部叢刊（初編）景黄丕烈校宋本，商務印書館，一九二九年。
景文集，宋宋祁著，景印文淵閣四庫全書本，臺灣商務印書館，一九八六年。

歐陽文忠公文集，宋歐陽脩著，四部叢刊（初編）景元刊本，商務印書館，一九二九年。
歐陽脩集編年箋注，宋歐陽脩著，李之亮箋注，巴蜀書社，二〇〇七年。
經進東坡文集事略，宋蘇軾撰，宋郎曄注，四部叢刊（初編）景宋本，商務印書館，一九二九年。
雞肋集，宋晁補之著，四部叢刊（初編）景明本，商務印書館，一九二九年。
文忠集，宋周必大著，景印文淵閣四庫全書本，臺灣商務印書館，一九八六年。
公是集，宋劉敞撰，宋集珍本叢刊影印清光緒覆刻聚珍本，綫裝書局，二〇〇四年。
癸巳存稿，清俞正燮著，續修四庫全書影印連筠簃叢書本，上海古籍出版社，二〇〇二年。
全唐文，清董誥等編，中華書局，一九八三年。

三

五代史纂誤，宋吳縝撰，知不足齋叢書，中華書局，一九九〇年。
五代史記纂誤補，清吳蘭庭撰，續修四庫全書影印清嘉慶八年刻本，上海古籍出版社，二〇〇二年。

欽定四庫全書考證，清王太岳等編，書目文獻出版社，一九九一年。

五代史記纂誤補續，清周壽昌撰，續修四庫全書影印清光緒八年刻本，上海古籍出版社，二〇〇二年。

五代史記纂誤續補，清吴光耀撰，續修四庫全書影印清光緒十四年刻本，上海古籍出版社，二〇〇二年。

五代史校勘記，清劉光蕡著，二十四史訂補，書目文獻出版社，一九九六年。

柴德賡點校新五代史，宋歐陽脩撰，柴德賡點校，商務印書館，二〇一四年。

舊五代史考異，清邵晉涵撰，續修四庫全書影印清面水層軒鈔本，上海古籍出版社，二〇〇二年。

舊五代史新輯會證，陳尚君輯纂，復旦大學出版社，二〇〇五年。

二十五史補編，中華書局，一九五五年。

廿二史考異，清錢大昕撰，上海古籍出版社，二〇〇四年。

潛研堂金石文跋尾，清錢大昕撰，續修四庫全書影印清嘉慶十年刻本，上海古籍出版社，二〇〇二年。

十七史商榷，清王鳴盛撰，上海書店出版社，二〇〇五年。

廿二史劄記校證（訂補本），清趙翼撰，王樹民校證，中華書局，二〇〇一年。
十七史疑年録，牛繼清、張林祥著，黄山書社，二〇〇七年。
新唐書宰相世系表集校，趙超著，中華書局，一九九八年。
唐方鎮年表，吴廷燮編，中華書局，一九八〇年。
五代十國方鎮年表，朱玉龍編，中華書局，一九九七年。
諸史天象記録考證，劉次沅著，中華書局，二〇一五年。
兩浙史事叢稿，徐映璞著，浙江古籍出版社，一九八八年。
溪州銅柱及其銘文考辨，彭武文著，岳麓書社，一九九四年。
新五代史四夷附録標點辨誤一則，婁雨亭著，中國歷史地理論叢一九八九年第二期。
新五代史勘誤一則，劉橋著，中國史研究二〇一四年第二期。
藏園群書經眼録，傅增湘著，中華書局，一九八三年。
阿部隆一遺稿集第一卷，日阿部隆一著，汲古書院，一九九三年。
正史の宋元版研究，日尾崎康著，汲古書院，一九八九年。
涉園所見宋版書影文禄堂書影宋元書式，徐蜀編，北京圖書館出版社，二〇〇三年。
文禄堂訪書記，王文進著，上海古籍出版社，二〇〇七年。

中國古籍善本書目史部，上海古籍出版社，一九九三年。
中國歷史地圖集，譚其驤主編，中國地圖出版社，一九九六年。
中國行政區劃通史五代十國卷，李曉杰著，復旦大學出版社，二〇一四年。
二十史朔閏表，陳垣編，中華書局，一九六二年。
中國史曆日和中西曆日對照表，方詩銘、方小芬編著，上海辭書出版社，一九八七年。
經史避名彙考，清周廣業撰，北京圖書館出版社，一九九九年。
歷代避諱字彙典，王彦坤編著，中華書局，二〇〇九年。

點校本二十四史及清史稿修訂工程組織機構

總　修　纂　任繼愈

學術顧問　王元化　王永興　王鍾翰　何兹全　季羨林　馮其庸　蔡尚思　戴　逸　饒宗頤（以姓氏筆畫爲序）

修纂委員會　丁福林　王小盾　王　素　朱　雷　吴玉貴　吴金華　吴麗娱　汪桂海　辛德勇　周天游　武秀成　孟彦弘　南炳文　施新榮　烏　蘭　凍國棟　陳尚君　陳高華　徐　俊　張　帆　張金龍　程妮娜　景蜀慧　趙生群　裴汝誠　鄭小容　劉次沅　劉浦江　戴建國　羅　新（以姓氏筆畫爲序）

審定委員會　王天有　王文楚　王春瑜　王　堯　王曾瑜　王繼如　白化文

田餘慶　安平秋　安作璋　何英芳　何齡修　吴宗國　吴榮曾

宋德金　李學勤　周良霄　周振鶴　周清澍　周偉洲　來新夏

祝總斌　陳允吉　陳祖武　陳智超　袁行霈　高　敏　陶　敏

徐蘋芳　張大可　張文强　張忱石　崔文印　梁太濟　許逸民

黄留珠　鄒逸麟　程毅中　傅璇琮　傅熹年　裘錫圭　蔡美彪

熊國禎　樓宇烈　劉鳳翥　龔延明　（以姓氏筆畫爲序）